NÃO SOU POETA

VICTOR HERINGER

Não sou poeta
Poesia reunida

Organização e introdução
Eduardo Heringer

Posfácio
Ricardo Domeneck

Copyright © 2024 by Valéria Doblas em acordo com MTS agência

Grafia atualizada segundo o Acordo Ortográfico da Língua Portuguesa de 1990, que entrou em vigor no Brasil em 2009.

Capa
Mateus Valadares

Imagem de capa
dottedyeti/ Adobe Stock

Imagens de miolo
Acervo Victor Heringer

Preparação
Márcia Copola

Revisão
Marina Nogueira
Bonie Santos

Todos os esforços foram feitos para reconhecer os direitos autorais das imagens. A editora agradece qualquer informação relativa à autoria, titularidade e/ou outros dados, se comprometendo a incluí-los em edições futuras.

Dados Internacionais de Catalogação na Publicação (CIP)
(Câmara Brasileira do Livro, SP, Brasil)

Heringer, Victor, 1988-2018
  Não sou poeta : Poesia reunida / Victor Heringer ; organização Eduardo Heringer ; posfácio Ricardo Domeneck. — 1ª ed. — São Paulo : Companhia das Letras, 2024.

  ISBN 978-85-359-3689-6

  1. Poesia brasileira I. Heringer, Eduardo. II. Domeneck, Ricardo. III. Título.

24-203405   CDD-B869.1

Índice para catálogo sistemático:
1. Poesia : Literatura brasileira B869.1

Cibele Maria Dias – Bibliotecária – CRB-8/9427

Todos os direitos desta edição reservados à
EDITORA SCHWARCZ S.A.
Rua Bandeira Paulista, 702, cj. 32
04532-002 — São Paulo — SP
Telefone: (11) 3707-3500
www.companhiadasletras.com.br
www.blogdacompanhia.com.br
facebook.com/companhiadasletras
instagram.com/companhiadasletras
twitter.com/cialetras

Victor Heringer empresta sua voz a Hilda Hilst, de Eduardo Heringer, 2018.

Sumário

Introdução — Eduardo Heringer, 13

NO COLO DO FUTURO
O meu avô é o futuro, 25
As virtudes da imobilidade, 35
Só o monstro é original na morte, 40
Carta para Violeta, 43

NOTURNO PARA ASTRONAUTAS
Primeiro, 49
Segundo, 89

O ESCRITOR VICTOR HERINGER
Fotos do escritor Victor Heringer, 94
Índice das fotos, 106
O escritor vuitton heringuer, 107
O escritor victor heringer não se decide, 108

PAULISTANAS
Mulher fumando sobre fundo lilás, 111
ledá-dorada: os poetas riem diferente?, 112
Juan Gelman não morreu de vergonha, 113
autorretrato c/ gratidão, 114
balada da abstinência, 115
é verdade, 116
ogede, 117
ao fauno de Brecheret no parque Trianon, 118
vivendo entre os civílcolas, 119
você sabia, 120
que horas são, mi coração, 121
depois das rusgas depois da morte de ariano suassuna, 122
Troia, 123
O inferno político desenhado aos miúdos, 125
Poema reduzido: 7 dias, 129
Não sou poeta, 134

SEBASTIANÓPOLIS (ABANDONADA)
Avisos, 143
I. O garoto na cidade, 145
II. O amor dos homens avulsos, 150
III. Assim virá o ruído, 164
IV. O amigo dos canibais sente frio, 170
V. O quizila no banquete, 183
VI. Pipas na noite, 187

PLANETAS MENORES
Designação provisória, 191
Designação formal, 197

21 SIMPATIAS PARA O AMOR
Prolegômenos, 209
Oferenda para fazer durar o amor perdidamente
    começado, 210
Bem-me-quer nº 1, 211
Amuleto contra desilusão, 212
Beberagem nº 1, 213
Bem-me-quer nº 2, 214
Canto de atração, 215
Amuleto para viagens, 216
Jogo da neblina, 217

PEQUENINO LIVRO DOS DESASTRES
variações sobre nova friburgo depois do estrago, 223
um massacre em Paris, 229

AUTOMATÓGRAFO
O poema anterior, 239
O automatógrafo, 240
Biobibliografia, 242
Papai vai ao Hades, 244
Notícias para Nira, 245
Ode à genética, 247
Trote telefônico, 249
Armarinho, 251
Casa Estocolmo, 252
Meridiano 43, 254
Guia turístico, 255
Cidade planejada, 256
Apartamento, 257

Primeira Guerra do Golfo, 259
Segunda Guerra do Golfo, 260
O gesso, 261
Os meninos descalços de 1999, 262
Oração, 264
Balada para Aníbal Barca, 265
Pedra de rio, 267
Ciência das religiões, 268
Poema para a canonização do Pablito, 269
Mural do mundo todo, 271
Elegia ao Nokia 2280, 273
Automatógrafo, 275
Um presente, 276
Trailer, 277
Filme de medo, 278
Pós-moderno, 279
Posições desconfortáveis, 282
Livro de horas, 284
Intervalo comercial entre duas comédias, 285
Esperança, 286
Clube de tiro de festim, 287
Terça-feira gorda, 293
Velha comendo pêssego, 295
Casa das horas, 296
Morte de Geraldo Monte, 299
A máquina, 302
Oferendas para o velho aquático, 303
O anarquista tranquilo, 304
Cigarros Macbeth #2, 305
Quiáltera, 306

M. de quê, 307
Love them strange, 308
Canção da calamidade, 311
Posfácio, 321
O próximo poema, 322

PENSAR QUE TUDO EVOLUI PARA A ESGARÇADA
    SOLIDÃO CÓSMICA
mantrinha da existência, 325
promessa, 326
mil perdões, 327
Me baixaram uma sentença, 328
No deque da praia, a giz, 329
saudades do biobío, 330
oração a santo antão, padre do deserto, 331
Nariz de Anna Akhmátova, 332
Manifesto 8∞, 334
noturno do flamengo, 337
mil perdões, 339
Noturno abrupto, 340
nunca não é sobre o amor, 341
mil perdões, 342
quase barcarola, 343
mas mil perdões, é o que eu peço, 344
gosto, 346

Entre o maiúsculo e o minúsculo — Ricardo Domeneck, 349

Índice de títulos e primeiros versos, 371

Introdução

Eduardo Heringer

OS VOLUMES DE OBRAS COMPLETAS ME PARECEM CAIXÕES

Isso disse um dia numa entrevista *O escritor Victor Heringer*, cuja obra poética esteve nas minhas mãos nos últimos anos justamente para a tarefa de organizar este livro.

Nos seis anos que se passaram desde a sua morte, houve uma procura renovada pela obra de Victor Heringer em todos os gêneros, demanda satisfeita pela nova edição do romance *Glória*, lançada em 2018, e pela coletânea de crônicas *Vida desinteressante*, organizada e publicada em 2021. Em paralelo a esses trabalhos, foi-se concebendo o projeto de um volume representativo da sua obra em poesia.

AREIA QUENTE. FESTA DIFÍCIL

Como espécie de gerente interino, reuni seus poemas publicados em livros, revistas, coletâneas, os avulsos espalhados pelo mundo e os inéditos de gaveta — tanto os que esperavam ansiosamente para sair quanto os que estavam satisfeitos na gaveta.

Logo nos primeiros passos da idealização deste livro, no entanto, me vi obrigado a largar da pretensão de completude absoluta — e do hipotético título "poesia completa". Antes de tudo porque são imediatamente incompatíveis as suas incontáveis obras nas incontáveis outras mídias que cabiam na amplíssima definição de poesia que Victor cultivava, baseada no significado original da palavra *poiesis*, em grego, que ele sempre citava: inclui tudo que nasce de expressão criativa, significa criar, não só escrever versos. O livro só aceita os poemas que cabem no papel impresso — ou seja, não concerne os também numerosos poemas gráficos (e suas subcategorias: imagens digitais, GIFs, pinturas, desenhos, fotos, colagens etc.), os poemas-objetos, os vídeos, as gravações de som, os bordados em roupas e assim por diante —, excelente assim.

Além disso, porque mesmo excluídas as obras em outras mídias, ainda convivem na sua poesia tantas direções simultâneas, tantos variados estilos, contextos, propósitos, intenções etc., que até uma coleção apenas de suas obras em versos "normais", se completa, ainda resultaria talvez em espécie de diluição, desconcentração, arriscando fazer desta brilhante variedade uma fonte de fraqueza, e em tamanho ameaçando o inviável para um livro só. Optamos pelo objetivo de uma coleção única da sua poesia, representativa de suas diferentes fases, mas não exaustiva, e para isso se fez necessário tomar decisões mais conscientes do que incluir e do que excluir.

Mesmo o simples axioma-tesoura de só incluir obras da sua vida adulta (ou quase adulta) já condena de volta aos arquivos uma quantidade grande de textos: não houve tempo algum em que Victor tenha sido outra coisa que não escritor e poeta, e são numerosas as suas obras de tempos de adolescente, e até de criança. O hipotético volume de poesia "toda completa" precisaria incluir poemas até da sua primeira década de vida, inclusive o tal da "Lua banal", improvisado numa das nossas inúmeras viagens de carro pela serra do Rio de Janeiro, memória que ele costumava resgatar quando considerava suas origens literárias:

> o momento em que sabia que era escritor [...] No vw Gol branco, quadrado, que a empresa dava a papai. Eu era criança [...] subíamos a serra para Nova Friburgo e eu improvisei um poema sobre a Lua. A Lua, no poema, era "banal". Papai e mamãe festejaram o filho poeta ali mesmo, dentro do Gol. *You may say* que foi aí que acreditei no poder das palavras, pois a Lua é mesmo banal e o verso original lhes relembrou de algo que sempre souberam. Sim. Mas, como Barthes, escrevo para ser amado, para replicar e multiplicar o que senti naquele Gol subindo a serra.

A partir dessas decisões, o trabalho se tornou sujeito a outros fatores complicadores. Por exemplo, vez ou outra ficou nas minhas mãos a decisão do que fazer com um poema abandonado ou renegado pelo autor. O caso mais importante foi o de *Sebastianópolis*, um poema longo sobre a cidade natal (o Rio de Janeiro era um tema, tanto na obra quanto na vida pessoal do autor, de importância quase religiosa, beirando a obsessão), que acabou sendo parcialmente repudiado e deixado de lado indefinidamente, mas cujos ecos abandonados do Rio abandonado (Victor preparava, nessa época, sua mudança para São Paulo, de onde acabou voltando pouco tempo depois) julguei urgentemente necessários a um volume de obras reunidas. É assim que funcionam os caixões: quando se decide sobre sua aparência, você não tem opinião.

Outra decisão complicada foi a de como lidar com seus dois livros de poesia criados diretamente para a internet, *Quando você foi árvore* e *canção do sumidouro*, que contêm como parte fundamental, além de imagens, elementos virtuais como vídeos, barulhos e músicas, links e pop-ups. Acabei incluindo apenas sete poemas da *canção do sumidouro* na seção *Pensar que tudo evolui para a esgarçada solidão cósmica* e excluindo o resto, ou seja, os livros foram desmembrados e aleijados, e ficam de fora aquelas coisas intraduzíveis ao papel. Peço "mil perdões" por isso (justamente da *canção do sumidouro* vêm aqueles poemas que contêm um ostinato da frase "mil perdões", repetida dezenas de vezes. Trata-se de um conjunto de frases de vários amigos: Victor mandava mensagem e pedia que escrevessem "mil perdões" por alguma coisa — qualquer coisa —, e botava a resposta no poema. Na época, fiquei indeciso sobre o que responder, e acabei não participando. Mas ei-los aqui agora, com catorze anos de atraso, meus pedidos de mil perdões).

A organização das obras segue folgadamente uma ordem cronológica inversa (os primeiros poemas são os mais recentes), com alguns ajustes em serviço da dramaturgia ou devidos à presença de poemas de épocas diferentes reunidos em coleções.

ESCREVER O LIVRO DA CHUVA: EMERGÊNCIA

A maioria dos poemas veio a fazer parte de coleções, uma das quais concebida e publicada como livro avulso (o *Automatógrafo*, que, fora os puramente virtuais *Quando você foi árvore* e *canção do sumidouro* e os pequeninos *Planetas menores* e *O escritor Victor Heringer*, foi o seu único livro de poemas publicado em vida), e outras que também foram concebidas e reunidas pelo próprio autor, mas não chegaram a ser publicadas nesse formato (*21 simpatias para o amor*, *paulistanas* e *pequenino livro dos desastres*). Também reunidas e organizadas pelo próprio autor, mas no fim das contas não incluídas inteiras devido ao tamanho, são duas coleções de poemas antigos intituladas *Meras formalidades* e *Dispersos, alérgicos, minúsculas & praieiras*. Poemas selecionados oriundos desses dois livros (e do mais antigo ainda *canção do sumidouro*) compõem o capítulo *Pensar que tudo evolui para a esgarçada solidão cósmica*. Esta e *No colo do futuro*, que contém poemas da sua fase mais recente, originalmente publicados avulsos em diferentes meios e não agrupados pelo autor, mas que sempre me pareceram apresentar certa coesão de estilo, temática e personalidade, são as únicas coleções neste livro concebidas por mim.

Algumas vezes um poema inicialmente avulso veio a fazer parte de uma coleção que ganharia forma mais tarde, como "Não sou poeta", possivelmente seu poema mais famoso, na coleção de *paulistanas*. Ou, como no caso de "variações sobre nova friburgo depois do estrago", sobre as enchentes da Região Serrana do Rio de Janeiro em 2011, foi retirado de uma coleção e incluído em outra: originalmente resignado na categoria de *Dispersos, alérgicos, minúsculas & praieiras*, veio a compor, quatro anos depois, o díptico do *pequenino livro dos desastres*, com "um massacre em Paris". No caso desse poema de moradia múltipla, procurei não desfalcar a coleção mais frágil, mantendo o *pequenino livro dos desastres* inteiro e tirando as "variações" da coleção de *Dispersos* etc. Em apenas uma ocasião interferi levemente na forma de coleções criadas pelo próprio autor, ao adicionar às *paulistanas* o experimental "Poema reduzido: 7 dias", inicialmente publicado sozinho, não incluído pelo autor em nenhuma coleção, mas cronologicamente e também por outros motivos apropriado a esta — perfeitamente paulistano, com nomes de ruas e tudo.

Quando continuei em dúvida sobre como proceder em diferentes situações, o padrão foi o de priorizar a decisão mais recente do autor, já que "a versão última é sempre a melhor".

A VERSÃO ÚLTIMA É SEMPRE A MELHOR

Isso disse um dia num e-mail *O escritor Victor Heringer*, enquanto consultava os amigos no processo de publicação do romance *Glória*, de 2012, e mandava para eles mais uma versão atualizada e corrigida: "favor ignorar as anteriores, que essa de agora tem menos vírgulas e flui melhor". Victor trabalhava muitas vezes assim, em "camadas", editando copiosamente e reescrevendo o mesmo livro ou o mesmo poema outra e mais outra vez.

Deste volume, talvez o único poema não intencionalmente deixado incompleto é o enorme, desesperador, histórico *Noturno para Astronautas*. Dele ainda sobrevivem as primeiras versões, os primeiros passos de edição, reescrita etc. São no total três versões — a terceira já bem diferente da primeira, ou melhor, já bem mais alta, mais longínqua. O *Noturno para Astronautas* foi dedicado a mim, e em conversas ao longo dos anos Victor se referia ao poema como "o teu livro". E prometia publicação iminente: "Teu livro está quase pronto", "Teu livro é o próximo a sair" etc. Mas não ficou pronto e não saiu: herdei as três versões incompletas e o problema de como apresentar, neste volume, o poema inacabado.

A primeira ideia que me ocorreu foi incluir as três versões, uma atrás da outra, para que aí o leitor — neste caso, o *considerador* — pudesse entrever a direção geral do poema, acompanhar a trajetória do foguete perturbado na direção da sua hipotética quarta, quinta ou sexta, final versão. Três poemas apontando na direção do poema. O tamanho resultante, no entanto, torna essa ideia inviável, e acabo sendo forçado a confiar na máxima casualmente arriscada pelo autor ele mesmo e a simplesmente escolher a última versão, que é "sempre a melhor" (também forçado a fingir não enxergar a ironia — mil perdões!). Quão perto de terminado o poema está, só Deus sabe. Mas chego a pensar que talvez seja até mais apropriado logo esse poema ficar incompleto, *tender* ao resultado, como no cálculo diferencial as variáveis que tendem ao infinito. "Meu livro" fica, assim, para sempre "quase pronto", noturno para astronauta desertor, as coisas faltando como no vácuo interestelar, o buraco negro no centro da galáxia, o dedo indicador do homem apenas *quase* tocando o de Deus.

Uma generalização arriscada, meio cafona e quase ingênua, mas confiável: Victor era o mais desperto possível enquanto escrevia. Gostava, de fato, *de escrever*, e não apenas *de ter escrito*. O processo era uma alegria, inclusive as fluências, frustrações, os becos sem saída e os becos com saída. Um poema incompleto é então, nesse sentido, também uma espécie de fotografia, de congelamento desse processo. É a obra que não lhe pareceria parte de um caixão.

A MORTE [...] SABE TERMINAR AS FRASES
QUE COMEÇO

Naquela mesma entrevista, *O escritor Victor Heringer* descreveu a ideia de dar a obra por completa como "o santo graal", num indeterminável meio-ponto entre idealização, ironia e descrença.

Há algo esquisito e ominoso de observar: algo de fundamental parece mesmo mudar nas obras do artista depois da sua morte. Ela faz as obras parecerem mágicas, flutuantes, agora sem o homem de carne, osso e dúvida que as segurava no ar. O silêncio inesperado do autor morto é como o silêncio repentino depois de horas acostumado a barulho de fundo, é um silêncio que se estranha, um vazio cheio de mistério.

As obras parecem adquirir uma capacidade maior de autonomia e, de certa maneira, dão a impressão de ter mais direito de existir no mundo — quase ninguém leva a sério o poeta menino de 21 anos, mas decoramos versos de Casimiro de Abreu na escola, menino de permanentes 21 anos. A morte provê uma moldura definitiva para a obra do artista, e, por algum motivo, para muita gente uma imagem só é visível quando emoldurada.

A morte, sobretudo quando prematura, também nos permite conjurar uma perspectiva mais aberta sobre as biografias de artistas, uma que desconstrói (de má vontade, mas convincentemente) a definição de "completude". Diante dela, tanto o hipotético Victor vivido até idade avançada — primeiro brasileiro e carioca laureado com o prêmio Nobel de literatura, o Victor pai, avô, tio — quanto o arrancado de nós aos 29 anos de idade são poetas de igual completude. Completos. O "santo graal" é tão democrático quanto a morte, que torna iguais o rico e o pobre em anos vividos. Que faz de todo mundo incompleto.

Que "sabe terminar as frases que começo". Eu, como gerente interino, bato o martelo (de má vontade, mas convincentemente) e dou sua obra poética por completa — mil perdões!

NO COLO DO FUTURO

O meu avô é o futuro

O pai do meu pai era meio maluco.

Era assim que os jornais do Rio de Janeiro
falavam dele: NATURALISTA CONSIDERADO
"MEIO MALUCO".

Ele vivia em um sítio
enfurnado num fim de mundo
chamado São Pedro da Serra
uma aldeiazinha no interior do Rio.

Montanhas, mato desbotado de sol, cheiro de água doce.

Quando preciso decidir algo importante
vou para São Pedro
e fico horas olhando a água corrente.

Todas as minhas decisões
foram erradas, mas
                         ainda confio
                         na água.

O meu avô plantava orquídeas ameaçadas
bromélias e samambaias
e outras plantas cujo nome não sei

porque sou erê urbano
e hoje em dia nenhum poeta sabe botânica.

Ele fazia os vasos para as plantas.
Vasos de cimento

O meu avô
provavelmente sabia
desmontar uma caminhonete velha
uma geladeira velha
uma máquina de lavar velha
um fogão velho
uma árvore de fruta
e montar tudo de volta.

O meu avô antes do microchip.

O meu avô devia saber
dirigir trator
e adivinhar quais pedras iam se descolar
como verrugas podres
das montanhas.

Eu não sei nada disso.

O meu avô fazia licores e geleias para vender.
Gosto tanto de seu comércio miúdo.

O meu avô criava caramujos
e dizia que era escargô.
Ele jogava suco de beterraba
em cima de açúcar União
e vendia para os da cidade grande
dizendo que tinha extraído o açúcar
da beterraba. A turistada comprava.
Gosto tanto que ele era também
esse *trickster*. Raposa velha
o tal. Tocava viola assim ganhou vovó.

O meu avô detestava ônibus escolares
jogava frutas neles quando passavam.
Eu me tornei professor
mas entendo as frutas.

Meu avô não devia saber
recitar a tabuada.

Quando os jornais perguntavam, meu avô respondia: "— A gente tenta trazer a roça aos visitantes — diz, humilde. — Na verdade, entendemos as dificuldades por que passa o homem da cidade grande e por isso fazemos de tudo para agradá-lo". (*O Globo*, 20 de abril de 1989)

Meu avô *true folk*.
Nunca teve barba.

Quando o levavam para a cidade grande
no primeiro descuido dos filhos
ele fugia de volta para o sítio.
Fugia a pé, correndo.
Meu avô era meio maluco.

Se alguém dissesse para ele:
> *Seu Milton*
> *o mundo está cada vez mais quente*
> *e as plantas e os bichos estão morrendo*
> *lá vem a Sexta Extinção*

Não sei o que ele responderia.
Não lembro como era a risada dele.
Não dá para quase ouvir a risada dele?
Ouve só o meu avô rindo.

> *Tem gente demais no mundo*
> *seu Milton!*

Ouve só o meu avô rindo
no meio do mato.

O meu avô é o futuro.
Este sou eu, no colo do futuro:

Ele parece um pouco o Picasso, o meu avô.
Careca e atarracado.
Um Picasso da roça.

Eu me pareço com meu pai, que se parecia muito com o
                                                    [dele.

Meu avô
se ainda fôssemos alemães, meu avô
teria feito dez anos de idade em 1945
em Munique
sob intenso bombardeio.

Que bom que os antepassados pegaram aquele navio
que se chamava Argus.
Vieram parar aqui neste fim de mundo

O meu avô é a Alemanha que deu certo.
O meu avô é a Europa do tamanho de uma pracinha de aldeia, com um coreto no meio, nem mil habitantes e só um policial leão velho desdentado.

O meu avô morreu quando eu era muito menino.
O meu avô é o futuro.

No fim das contas tudo
o que inventamos maiusculamente:
tudo se minusculizou.
A única virtude que nos resta
é a elegância.

Lembro que li uma velha história sobre o Beau
                              [Brummell.
Brummell era o deus dos dândis (1778-1840).
— Não há nada mais deselegante que um dândi

mas nessa velha história sobre o Belo Brummell
tinha uma anedota
uma curiosidade: os dândis tão ricos tão tédios
já não tinham o que fazer das roupas
tanta roupa tanto *royal purple* tanto ouro
que começaram a lixar tudo o que tinham
a desgastar os tecidos: blusinhas, casacos, túnicas

até que o que restou eram fios muito finos
quase gaze
aquelas para tapar feridas
e os dândis agora vestiam curativos

meu avô vivia sem camisa, só de shortinho
descalço mesmo no chão de terra
ou de havaianas azuis e brancas

(e os meus pés são tão finos
sinto tantas cócegas!)

O meu avô era mais elegante que os dândis.
O meu avô viu o homem pisar na Lua
e não deve ter achado nada de mais.

As três fotos que guardei do meu avô jovem
foram tiradas no início da década de 1950.
Nas três ele aparece bem-vestido
terno, gravata e chapéu
— a tríade clássica do vestuário masculino.

Mas nunca os três juntos:
em uma das fotos está só de chapéu, sem terno e sem
                                              [gravata
na outra, só de gravata
na terceira, só de terno.

Um homem elegante
jamais deve ser totalmente elegante.

Não há homem mais deselegante do que um mandão
todo poder é cafona.
Não há jeito elegante de invadir, matar e pilhar.
Nada mais cafona do que uma farda.
Nada mais cafona do que uma toga.

Horace Aliananga, em seu livro de aforismos
(*A elegância como virtude intelectual*, 1956),
disse de outra forma:
"A maior virtude do penteado de Maria Antonieta foi a
[guilhotina."

"Poucas coisas são tão elegantes
quanto um homem prestes a ser fuzilado
fumando seu último cigarro."

Verdades que vovô
não saberia formular.
        Mas acho que as pressentia.

Ao longo dos anos
quanto mais ganhava notoriedade
como pioneiro ecologista
salvador de orquídeas
e homem de negócios miúdos
mais se despojava das cascas.

Passou a nadar com os sapos
em sua piscina de água natural
(feita de cimento)
e a andar sem camisa
descalço, vestindo *shorts*
de cinco reais.

Na última foto que tenho dele
estou bebê em seu colo. Ele está de pé
vestindo só uns *shorts* amarelados
no meio de uma estradinha de terra em São Pedro.
Um velho parrudo e forte
cabelo branco e o coração fraco
dali a alguns meses entraria em parada.

Careca e atarracado
o Picasso da roça
havia atingido a beatitude da elegância:
estava verdadeiramente nu.
Não precisava de curativos.

As virtudes da imobilidade
Um ensaio em torno de Marca-d'água, *Joseph Brodsky*

"as pessoas gostam mais de seu
melodrama do que de arquitetura"

Andei pensando sobre as virtudes da imobilidade.
Em que grau de imobilidade
eu ficaria plenamente satisfeito.

Não confinado a uma cama ou cadeira de rodas.
Não preso numa cela de sete metros quadrados.

Há poucos meses um médico achou que eu poderia estar
[muito doente
então fiz exames e descobri que não estou tão doente.
Estou só envelhecendo
e medianamente satisfeito.

Depois de perambular muito
tendo bordado SOLVITUR AMBULANDO
no forro de todas as minhas botas
talvez a satisfação esteja na imobilidade.

Não morando numa pensãozinha nos anos 1920.
Não crente na teologia da prosperidade.
Não tirando férias do escritório uma vez por ano.

Brodsky voltava todo ano a Veneza.
Kierkegaard dizia que viajar era bom para evitar o
                                               [desespero.
Não sei o nome dos pássaros no jardim
mas eles bicam os mamões do mamoeiro.

Aqui eu escrevo de cara para as montanhas
onde vieram morar meus antepassados.
Nunca fui a Veneza nem eles.
Os antepassados têm essa vantagem sobre os vivos
eles nunca mais poderão viajar até Veneza.
Então não ficam inquietos
porque a estada lá, mesmo no inverno
é muito cara.

Brodsky era cardíaco.
Os turistas lhe davam nos nervos
porque a anatomia humana
é incompatível com o mármore.

Brodsky para mim sempre foi o poeta
que queria ser um armário.
Sou péssimo para lembrar poemas
palavras novas vão brotando dos entulhos
da minha memória como cogumelos.
Brodsky, se lhe dessem outra vida,
queria ser um armário no poema do Caffè Rafaella
mas ele não diz "armário", diz "móvel"
"de pé, como um móvel no corredor"
na tradução do Carlos Leite para a edição da Cotovia.
Brodsky para mim sempre foi uma cristaleira.

Uma cristaleira de café vive mais do que um homem
                              [médio
sobretudo hoje, quando os cafés estão nas mãos dos *hipsters*
que guardam tudo o que lhes dá solidez de velhos
mas na falta de cristaleiras autenticamente velhas
compram similares contrafeitos.

A cristaleira de café vive plenamente satisfeita
de vez em quando ainda a mudam de lugar
para variar a paisagem.
Tiram o pó.

Meu cachorro foi tirar raio-x da pata traseira
e ficou tão quietinho
que o técnico deu R$ 100 de desconto.
Há certa virtude na imobilidade.
         Ele não pode mais correr e vai ter que operar os
                                [ligamentos.

Joseph Brodsky morreu aos 55 anos de idade
de um ataque cardíaco em Nova York.
Há algo de incongruente em morrer em Nova York
então o enterraram numa ilha-cemitério, a San Michele.

Uma ilha-cemitério talvez seja o grau máximo de
                              [imobilidade.
Eu tenho 28 anos. Se meu pai morreu aos 42
e posso tomá-lo como padrão familiar
já passei da metade da minha vida
e quem me consola é Brodsky:

"aos vinte e oito anos todo mundo que tem alguma coisa
[na cabeça é um pouco decadente".
Um jazigo em San Michele
deve custar um rim.

"*Todo cambia*", cantava Violeta Parra
e eu amo Violeta há muitos anos.
E o amor é uma rua de mão única
por isso dá para amar poetas mortos
e cidades (Brodsky diz).

Quanto maior o grau de imobilidade
mais fácil ser amado
(pergunto eu).

Temos inveja das coisas mais imóveis que nós.
Por isso cantamos as maravilhas da bagunça
como recém-divorciados
como recém-nascidos.

Brodsky desceu aos porões de um *Palazzo*
tendo antes conhecido outros subterrâneos
e lá encontrou o silêncio geológico
que o impediu de falar
a voz de um organismo descompassado.

Em que grau de imobilidade
eu ficaria plenamente satisfeito.

Talvez na praia.
Ali desdenhando de Bachelard
e de Brodsky e de quem mais vier
porque aqui, irmãozinho, é o Rio de Janeiro.

No dia 29 de maio deste ano escrevi no diário: "Foda-se a
[morte".

Só o monstro é original na morte

Só o monstro é original na morte.
Heitor arrastado por Aquiles diante dos muros de Troia
não é a morte.
A morte de Ofélia não é a morte.
O suicídio ritual de Mishima não é a morte.
Torquato Neto.
Francesca Woodman.
O tiro de Hemingway na própria boca
talvez seja a morte.

Só o monstro é original na morte.
Todo tumor é parecido.
Todo coração enfarta igual.
O atropelamento é do asfalto.
A bala perdida é do metal.

Só o monstro é original na morte.
Eu costuro panos de prato para a morte.
Faço café toda manhã.
Como bananadas.
Tento parar de fumar.
A morte sabe o quanto engordei
e me vê nu quando trepo.
Sente o cheiro de suor quando volto do trabalho.
Guarda conta dos filmes que vejo

dos corpos que cobiço.
A morte me viu lamentar outras mortes.
Está comigo nas festas e eu bebo
com ela.

Só o monstro é original na morte.
Nada de novo guerra bordéis bocas de fumo
facada pulo de ponte acidente de trânsito
o mal súbito que ninguém entende.
Conheço o perfume das toalhas que a morte usa
para se secar depois do banho.

Só o monstro é original na morte.
Minhas cuecas.
As vezes em que dormi nu.
Os dias em que minha mãe chorou.
Os dias em que saí com as roupas amarrotadas.
Minhas meias.
Minhas malas.
Meus passaportes.
Meus exames de sangue.
Meus parentes morrendo
pouco a pouco
meus parentes morrendo.
A morte conhece meus amigos.
Sabe as fronteiras que cruzei.
Sabe terminar as frases que começo.
Sabe por que não quebro os versos
onde deveria.

Só o monstro é original na morte.
Minha amiga.
A morte está nas ruas
mas volta
bêbada
para a minha cama.
As lanchonetes botam salgados no forno
às cinco da manhã.

Só o monstro é original na morte.
E se me permitirem quero ser homem
ou garoto, se preferirem.
A morte bebe toda a água da geladeira
e não enche as garrafas depois.

Faz tanto calor no Rio de Janeiro.

Carta para Violeta

Doña Violeta, señora
quantas vezes não chorei
em seus braços
despejado em seu colo
como no colo de minha mãe
como uma madonna, señora
com meus ais jesuscristinhos.

Doña Violeta, señora
quando a conheci yo era niño
"Los cuatro grandes poetas
de Chile son tres:
Gabriela Mistral Pablo Neruda Violeta Parra"
um niño quase chileno
como quase brasileiro sou
e quase tudo vou sendo.

Doña Violeta, señora
estou a caminho de Antofagasta
mudarei meu nome para Run-Run e
como na canção, "me voy
sin dar una señal"
nos meus carros de olvido.

Doña Violeta, señora
vou para vê-la

mas a senhora morreu muito antes
de eu nascer.

Doña Violeta, señora
no Norte farei a curva
tendo enterrado minhas oferendas
com meu amor desatado no mundo
e o vinho no peito, ¡señora!
não me deixa mais chorar.
A vida não é mentira
mas la muerte es verdade
¡ay ay ay de mi!

Doña Violeta, señora
estou tão feliz
quase criminosamente
feliz.
Todos precisam trabalhar
voltar a seus países e trabalhar
para pagar a próxima volta ao mundo.
Para onde volto eu?

NOTURNO PARA ASTRONAUTAS

Para o meu irmão

Primeiro

Ontem algo enorme caiu em Júpiter.
Não ouvimos o impacto.
    It was a bright flash
    it lasted only 1.5 to 2 seconds.
Um objeto maior que um prédio, que um carro
maior que o amor de um homem por prédios e carros.
Ontem algo enorme caiu em Júpiter.
Deixará cicatriz nas suas nuvens.

Ainda sou garoto. Fascinado por foguetórios de Hiroshige.
Descendo de uma longa linha de espécimes vitoriosos.
Tropeço nas pedras da rua ao procurar asteroides.

Meu rosto de garoto é o de Amelia Earhart
com óculos de aeronauta acima dos olhos
prestes a levantar voo.

Meu rosto de garoto bronzeia fácil.
É um rosto entre os quatrocentos
bilhões de sóis da Via Láctea.

Ontem algo enorme caiu em Júpiter.
Não sei imaginar o começo de tudo.
    Bang bang, I shot you down, bang bang
    you hit the ground

depois de ver o céu num planetário
os adultos saem meio perturbados.
As crianças acham graça.

As crianças crescem
e visitando planetários
vão diminuindo
diminuindo
até que ficam do tamanho de um adulto.

Diâmetro da Via Láctea: 150 000 anos-luz.
Diâmetro do Universo: 98 000 000 000 anos-luz.
A boca da xicrinha de café tem 5 cm de diâmetro.
Um olho humano pesa 7,5 g
é noite no Rio de Janeiro.

Cosmonauta, cosmonauta
no teu passeio pelo espaço sideral
olha pro escuro mais escuro que tudo.
    Is it like closing your eyes?
    Is it like going blind?

Cosmonauta, leva para o espaço um potinho de vidro
desses de picles ou de minimilhos
traz para mim um punhado de vácuo.

Me diz que eu sou uma consequência inevitável
das explosões estelares, *I am*
    just like any other man.

*

> *We're made of starstuff*
> *and we long to return.*

*

Hoje Marte é um deserto hostil
antigamente não era.

Hoje tenho o dobro da idade do meu século.
Eu devia dar conselhos a ele: não faz
assim, não sobe aí, desce daí, menino.
      É como falar com uma parede.

Meu século, meu filho hiperativo
solta fogos
no começo de tudo.

No começo
a Terra tinha o formato de um elefante doente.

No começo
a Terra tinha forma de boi nadando na lava.

A luz arrebentou o pântano.
E o pântano se multiplicou.
A vida veio do ranço.

    The secrets of evolution
    are death and time.

Veio o homem
e ergueu torres de ferro
para comemorar sua geometria

e o homem ficou a cara do deserto
porque é do deserto que melhor se veem
as estrelas.

No começo
mulheres descalças
fincaram pés na areia
deixaram o sangue escorrer pelas coxas.
                  A Lua olhava amolecida.

No começo
os homens caçavam animais de couro negro
vestiam sua pele

e nas noites de chuva saíam aos campos
todos juntos, esperavam.
A água enegrecia ainda mais os capotes

e os homens choravam
porque não se diluíam na noite.

POEMA DA LUZIA

Veio um homem
não quem eu procuro.
Veio um homem
e desenterrou seu crânio
e pincelou o osso para remover a craca da terra.
Veio um homem
e deu ao crânio o nome de minha mãe.

Vieram os homens
nenhum deles quem eu procuro
e provaram hipóteses nos seus ossos
como o soldado americano
que escreveu uma carta à amada
no crânio de um japonês abatido.

Você tinha um metro e cinquenta
ninguém sabe muito bem
com quem você se parece.
Os homens não acharam a caveira
da sua mãe. Ficou você sendo
a primeira brasileira.

A hipótese dos homens diz:
aos vinte e poucos
você foi devorada por um bicho.

O bicho te acompanhou no breu dos onze mil anos
veio arfando até nós, brasileiros.

O bicho
esse homem nenhum
é capaz de abater.

Veio o homem e disse:
passei dois milhões de anos na banheira.
Saí da água pré-histórico: eu sou o homem, ele
disse. Conheço os planos secretos das potências
vi todas as vitrines do mundo
comi a carne dos pássaros extintos.
O homem é numeroso, mas não é grande.
Em Netuno chove diamantes
em Vênus, ácido sulfúrico.

Esse homem não é quem eu procuro.

Clareia teus lacrimogêneos, planeta
eu estou chegando
o homem disse.

E pensar que tudo evolui
   para a esgarçada solidão cósmica.

   *
Ontem um meteoro caiu na Rússia.
Anteontem descobriram uma estrela nova.
O cometa do século vai passar amanhã.
Um asteroide quase nos destruiu.
    **

        \\bip, bip\\ bip, bip —
   — \\ \\ Союз 1 para Роскосмос, 1967
      REENTRADA NA ATMOSFERA TERRESTRE

Aqui é Vladimir Komarov, comandante da Soyuz 1.
Últimas palavras temperatura da cabine em elevação.
Últimas palavras os engenheiros me mataram.
Últimas palavras o paraquedas não abriu.

A esposa Valentina pergunta o que você quer dizer
aos nossos filhos.
Um alto oficial soviético chora como um bebê humano.

A cápsula meteorita no chão. Sobe
uma nuvem de poeira e neve.
   O cometa do século vai passar amanhã.

Komarov morreu furioso.
O MUNDO INFESTADO DE INCOMPETENTES!
Funeral concorrido, herói nacional.
Seus restos mortais: massa informe carbonizada
do tamanho de um bebê humano.

   O cometa do século, do século.

    Clarins: pã babããã!
    Trombetas.

Se eu andar daqui até o fim do mundo
talvez passe perto de Orsk, onde caiu Komarov
e aqui estarei de novo
neste fim de mundo.
    Via Láctea, Rio de Janeiro — RJ.

Komarov não é quem eu procuro.

Uma viagem espacial, disse
o astrofísico americano na TV
não é uma caminhada no parque
você perde a densidade dos ossos
você perde o tempo do seu planeta
e você nunca mais volta
e você só vê o vazio
e o vazio também perde a densidade dos ossos
e as pessoas que você ama todas mortas
e você eternamente jovem para eles.

    Anteontem descobriram uma estrela nova.
    O astrofísico na TV não é quem eu procuro.

Lembre-se dos cães
que foram para o espaço: Laika, Belka, Strelka
Pchyolka, Mushka, Chernushka
Veterok, Ugolyok
Zyvozdochka

Esqueça Apolo
lembre-se dos cães.

O cão, triunfo de Darwin,
busca, como eu, um amigo
na cadeia alimentar.

Alguém miúdo
que só chegue às estrelas num golpe banal
cama elástica no lugar errado
foguete tomado por engano
no terminal rodoviário.

Esqueça Gagarin
lembre-se dos cães.

※ INVOCAÇÃO DAS LAICAS

Ó Laicas, ninfas dos piches siderais
filhas de Urânia celestial e da Guerra Fria
olhai por nós, gente minúscula
              vira-latas suborbitais.

Nós também vivíamos soltos nas ruas de Moscou.
Também viemos a este cosmódromo sem querer.
                        Ouvi nosso ganido

nossos batimentos cardíacos
não são transmitidos a ninguém.
Nenhum som se propaga no vazio.
                        Ouvi nosso ganido!

Somos filhotes enroscados às pernas da garota
nua entre carneiros na avenida deserta
na frente da barraca que vende batatas fritas.
      Ouvi nosso ganido.

Nosso inimigo é a distração
pedestres apressados nos chutam
caminhões nos gravam no asfalto
mas os mendigos e as crianças...
      Ouvi nosso ganido.

Gostamos de árvores maiores que nós
e panelas de ferver água.
Temos nomes para todas as coisas
e todas as coisas nos faltam.
      Ouvi nosso ganido.

Temos as costelas em hematoma permanente
são os dedos violentos do dia.
      Ouvi nosso ganido.

Somos cisco no olho e afta na língua.
Cacto em parapeito de janela.
Tristeza de cachorro de polícia.
      Ouvi nosso ganido.

Mordemos a orelha do amigo
que sangra. Mas estamos brincando.
      Ouvi nosso ganido.

Estamos aqui
nas pavunas do cosmo, irajás, madureiras, piedades
nas inhaúmas do cosmo.
                         Ouvi nosso ganido.

Não somos qualificados para missões espaciais.
Somos sujos belbrutos nacos de carne.
Jamais sobreviveríamos às estrelas.
                         Ouvi nosso ganido.

Não nos pintamos com o pó dos cometas.
Não nos lavamos na chuva das nebulosas.
Não morremos em supernova
não somos os Pilares da Criação.
                         Ouvi nosso ganido!

Ouvi as pausas na fala de Michael Collins
orbitando sozinho
enquanto Buzz e Armstrong primeiravam a Lua.

*

      *

         *

E pensar
que tudo evoluí para a esgarçada solidão cósmica

Ainda sou garoto
e olho os homens.

Procuro um entre os homens
como muitos antes de mim.

Meus dois olhos juntos
não pesam mais que 15 g

ainda assim
eu procuro no planeta.

Procurei nas piscinas públicas
nas fotos que minha família guardou e nas quais não
[apareço.
Fui a bailes de debutante e barbearias
vasculhei os arquivos.

Sitiei as cidades medievais
que se isolam na maré alta.

Fui aos hospitais e perguntei se os tumores
deste ou daquele
tinham formato de planeta ou meteoro
se pesavam mais que 15 g.
        Pedi para ver o ultrassom.

Passei madrugadas ouvindo falarem no rádio
não eram a voz de quem eu procuro.

Pisei em muitos insetos no caminho para a escola.

Colecionei 3×4s encontradas na rua
nenhuma era a face de quem eu procuro.

Ainda assim
eu procuro no planeta

como antes procurava amantes
com o nariz de Anna Akhmátova

e antes disso fui do exército de Aníbal
e às portas de Roma, tendo vencido todas
desisti de invadir

e antes ainda destruía brinquedos
para saber como funcionavam
colecionar motorzinhos inúteis.

Tanta pilha gasta tive nas mãos...
De vez em quando o veneno vazava

e o veneno foi se depositando em poças
nos sulcos dos órgãos
a que não damos muita atenção.

Ainda sou garoto
mas já sinto os efeitos.

Uma dorzinha no rim direito.
E o coração bem guardado.
Há anos uma falta de ar esquisita.
E o coração bem guardado.
A nuca incomoda ao olhar para o alto.
Mas o coração bem guardado.

Esse acumulozinho que faz um homem
andar sempre meio inclinado
e abandonar os longos discursos.

Que o impede de olhar para as estrelas
com o pavor comum de qualquer homem.

Esse acumulozinho que faz um homem
que aos poucos vai se dando conta
que é o amor sedimentado

no fundo das velhas leiteiras de barro
as que usamos todo dia

não as que guardamos para as visitas.
É difícil meter a mão ali
e lavar a craca.

Bebemos o leite sujo.

Ainda assim eu procuro
no planeta

                         *

como muitos antes de mim.*
                              *
                                        *

    // 1º DE OUTUBRO DE 2016, 22:56:03.
    A sonda espacial Voyager 1 se encontra a
            [20 443 776 913 km da Terra.
    A Voyager 2 se encontra a 16 788 971 335 km da Terra.

    Ambas carregam, em suas ancas, um disco.
    Em cada disco, saudações
    em 55 línguas terrestres
    (não o português das ex-colônias)

    e os sons do nosso planeta
    vulcão vento chuva grilo sapo ovelha
    ferreiro trator buzina de navio trem cavalo
    carroça cão baleia chimpanzé elefante passos
    beijo de mãe no filho batida de coração F-111
    foguete britadeira Bach Stravinsky "Johnny B. Goode"
    a gravadora dos Beatles
    não liberou os direitos de "Here Comes the Sun"

e um mapa WE ARE HERE no Sistema Solar
a foto de um homem comendo no escuro
uma mulher comendo no supermercado

por pudor, não enviamos fotos
de gente pelada
fórmulas matemáticas

o raio-x da mão humana
e a mão de carne da mulher
que tantas vezes sangrou
os dedos cortando aipo
e que tantas vezes fez gozar
outros corpos humanos
pensando estas mãos amorzinho
você nem imagina onde estiveram.

Essa mulher não é quem eu procuro.

Dois refugiados sírios se beijam com o sal nas línguas
eles disseram não somos nós quem você procura
eles disseram é nosso o som das fumaças
eles disseram não é estranho
este século
eles disseram *listen close*
can you hear it

tem algo grande vindo.
A espécie está em ponto de pólvora.

Um incêndio foi contido hoje
na estação espacial, diz agência
                    Reuters.

Fomos nós que transtornamos o cheiro da guerra.
O perfume dos tanques venceu a bosta de cavalo
por isso sentimos esse gosto ferruginoso
na água dos bebedouros

can you hear it
é nosso o som das fumaças

can you hear it a chuva lavou os becos
os homens não dormem mais
falam e cochicham e se abraçam tanto
risinhos nervosos ecoam
o cheiro de urina

can you hear it se abraçam tanto
que logo tomarão forma de exército

can you hear it turum-tum tum-turum
é nosso o som das fumaças
as olarias empilham tijolos

can you hear it eles olham para nós
turum-tum tum-turum
não sabem onde pôr as mãos
a farda que lhes deram não tem bolsos

mas lhe deram fuzis
é deles o som da fumaça
can't you hear it?

        O soldado que baixou em Bagdá
        ele disse não sou eu o homem que você procura
        ele disse vim porque sou pobre
        ele disse ouço as músicas de meu pai
        ele disse a guerra é igual sabe?
        Igual a um baile de *homecoming*
        ou uma festa de quinze anos.
        Meninas de um lado, meninos do outro
        o inimigo é a menina que você não sabe
        você não sabe se vai lá falar com ela ou não
        se vai chamar para dançar.

        As luzes verdes
        do bombardeio noturno.

              All the stars are falling down.
              Build them up with iron and steel
                           my fair lady.

Quase nada no cosmo dá luz
95% de tudo é escuro.

Ainda assim eu procuro.

A mulher que perdeu o filho
sentada na escada de cimento
disse não sou eu quem você procura

ela disse você sobe para onde
ela disse se foi aqui que ele caiu

e me falou longamente do filho
de como lavou o sangue dos degraus

ele dormia todo nu e os pelos pubianos
se enrolavam em dois chifres de carneiro

quando ele era pequeno achava
que as estrelas eram buracos de bala
no pano da noite
lá atrás o dia se escondia

ela disse você quer um cafezinho
enquanto bebíamos ela disse
tem mais noite no bucho da noite

ela disse talvez meu filho
seja o homem que você procura?

*

POEMA DO CRUZEIRO

*   Há muitos anos fui as patas do centauro
e fui o falo do centauro e abri as fronteiras do Sul.

Fui a balança que pesa o desejo num prato
e as veras do ouro no outro.

Fui âncora, fui o amor de dois homens avulsos
e fui celeiro e fui cabana e fui cabeça de emu.

Fui pato migratório e uma pedrada
quebrou minha asa.

Fui escada celeste e fui rede de caçar vermes.
Fui mil espécies de peixes, mil outros bichos

e as mulheres liam o futuro nos meus intestinos
e os chineses não me conheciam
mas eu sabia todos os endereços do planeta.

Hoje sou garoto e tenho medo do ridículo.
Cumprimento as maçanetas das portas de saída
com mesuras de quem pede emprego.

*

   É nosso o som das fumaças.
   Os pulmões são nossos.

*

*

Na órbita do planeta, um astronauta
               [boiando no vazio
Mochila com foguetes propulsores, reserva de O_2.
Uma desolação magnífica.

Na falta de compreensão universal
examino a água da banheira
         da qual a amante acaba de sair.

Tépido caldo primordial
pele morta e cristais aromáticos
toda a poluição que ela trouxe da rua
o mel de todas as secreções.

   * *Não há outro mundo*
eu só vejo isto

este é o planeta dos pães quentes
que aquecem as facas
que derretem a manteiga
que unguenta a ferida dos pães.

Meu rosto refletido na lâmina d'água.
Sardas de detritos, pedaços de sabonete e pelos
denunciam o parentesco longínquo
entre as minhas bactérias
e as nuvens de Netuno
e as luas de um planeta-número
e as galáxias a granel.

    Parentesco inútil.
Não terão pena das minhas gripes
nem me arrumarão emprego.

    Eu não vejo outro mundo.

EXU FOI MORAR NA LUA

    Exu foi morar na Lua.
    Exu tem saudades do Brasil.

    No Brasil, o ano inteiro
    e por toda a cidade
    a gente encontra confete pisado.

    Na Lua só tem pegadas de
               [astronauta
    e até hoje ninguém sambou
               [em território lunar.

A sonda Cassini
sob a marquise de anéis de Saturno
a 528 bilhões de pés de distância
tira uma foto da Terra: ainda mais pálido
ponto azul
sobre fundo preto.

A amante hidrata as coxas.
Acabou o vinho. O pão acabou.
Dividimos um sol ao meio
não vai dar para nós dois.

O teu sorriso, moça, cavou mil fundações de edifícios
o metrô foi lá e aproveitou os abismos.

Viramos a noite ouvindo as canções do rádio
a mulher é onde tudo se perde *parararã-pã*.
A amante achou graça
e só se vestiu ao meio-dia.

Antes de ir embora disse
      quando a gente morre
acontece exatamente o que a gente acha
que vai acontecer
inclusive nada.

Vou beber toda a água da banheira
aos poucos repondo com água mineral.
Quando outros corpos vierem
que se lavem, não os impedirei.
Na esperança do amor potável
seguirei bebendo.

Este é o planeta.
Não vejo outro.   *.

Vivemos sob o sol e o sol arrebenta
milhões de microssóis nos grãos de areia

  *.**   galáxia giragirou
    * *   giragirá abalroa
        outra galáxia

esse atropelo é o único amor
que os corpos celestes conhecem

lá de cima nos olham com inveja

nós tão quebráveis
tão desquites tão despejos tão países
tão apaixonados pelo colega de trabalho
que não conhecemos direito
saltamos para agarrar a noite
e torcemos os tornozelos.

Este é o planeta.
Os ditadores e diretores e pretores
também admiraram as estrelas
os heróis todos, os assassinos
e os senadores olham para o céu.

Não resta naco de ar puro
ou amornado pelos pulmões de meus irmãos.

(Porque há irmãos
tenho certeza de que há irmãos.)

Este é o planeta.
Com todos os seus zoológicos.

Vi poucos bichos na vida
mas gosto do urso-polar.

                CONSOLO COM O URSO

                Meu amigo *Ursus maritimus*
                nem quase-tudo está perdido.
                Você acredita em icebergs
                como eu
                como o que afundou o Titanic.

Não dá mais tempo de arrancar o coração
e dar para o deus que rega o sol.

Este é o planeta.
Você está aqui
diz o meu amigo.
Eu digo isto vai terminar mal.

Uma hora
a falta de ar nos engoliu.

Uma hora
os pássaros atolaram no céu
de tão viscoso.

Uma hora os meninos de bom coração
não ouviram o despertador.

Uma hora o tirano foi fuzilado na TV
e a poeta que mais amo morreu de velha.

Uma hora
esquecemos os cantos triunfantes
e o deus foi enterrado
        de cabeça para baixo.

        Os pés de pedra espetados
        no deserto
        como as torres de Dubai.

Uma hora,
nossas bibliotecas de papel
foram tomadas pela floresta
a celulose se vingou.

        Ouve só
os tambores escondidos   **
      ê ei, olha puro céu
  *   *olha puro céu, puro terra*   *
**   *   **.
        *

        Can't you hear it?
        Eles olham para nós.

> *Can't you hear it?*
> Vai vir a guerra
> cheiro de romã aberta.

Meu século metade da minha idade
apaga as luzes no fim da festa.

Vamos cantando a matéria escura
que recheia os corpos celestes.

Eu quero ficar.
Quero ficar não quero fugir
abaixo os foguetes espaciais!

Aqui posso dar nomes aos cães
e ter medo de que morram antes de mim
as mulheres que amei.

Aqui posso aprender a consertar automóveis.
E curar as aftas que me impedem de cantar.

Aqui está quem eu procuro.

Aqui minhas roupas fedem a sangue seco e pimenta.
    Meu sangue

e o da procissão que cruza a avenida Rio Branco
cantando o alalaô
que deixa pegadas em fileiras na neve da Sibéria

canta o pop soldado nas correntes de Guantánamo
e se banha com estátuas submersas até o torso
      na Grécia falida.

O mesmo sangue de minha mãe e avó e irmão
o sangue que irriga as gargantas dos cosmonautas
e não atiça a fome dos buracos negros.

     *   *   **
      *   *
   *

Vem trovão acorda os citadinos
o toró torará as casas
já chove na mágoa da amante
já chove nos clichês do cinema
já chove na terra do meu pai morto
já chove nos galpões vazios do porto
já chove na China e no Harlem e na piscina
já chove na Espanha e os ossos de Lorca
enfim ressurgirão na lama.

Quando partiram as caravelas
eu fiquei na praia
não praguejei.
Pus os óculos escuros e sorri.
                Deixa ir, deixa ir.

Somos todos
ou não somos o lamento da proteína?

Entregaremos os nossos tambores
o nosso guache de guerra

a nossa mais alta tecnologia de bom grado
por um punhado de clemência

por um punhado de amor
não sei o que fazemos
um cachorro abre peito e patas
quando se rende.

Já chove no casal que acaba de jantar caranguejos
já chove nos índices da inflação
já chove no nariz de Anna Akhmátova
já chove no futebol do burocrata
já chove nos exames de rotina
há quanto tempo eu não sentia o cheiro da chuva!

Antigamente deitavam os mortos
sobre a mesa de jantar.
Os murmúrios de quem ficou
infectavam as maçãs.

No Cemitério São Paulo
tem um mamoeiro.
Quem come os mamões
alimentados no chão dos mortos?

Já chove no asfalto e os andaimes pingam
já chove e chove muito
já chove no Código Civil
nas posições inconfessáveis que assumimos
quando nos lavamos

já chove nos passaportes de emergência
e todas as coisas me espantam.

Ó o meu país
o meu país é de fumaça
e eu amo vocês inteiros
mas não tenho para onde ir.
Quero ficar.

Quem eu procuro batizou os ventos
nomes nunca divulgados à população.

Eu busco um entre os escorados
nos azulejos azuis-celestes dos botecos.

Quem eu procuro é mais triste que os cabos do telégrafo
sob o Atlântico.

Eu busco nas purpurinas nos dentes
que estrelam o céu da boca
que puxa fôlego para cantar.

POEMA DE CARNAVAL

A beira da folia é de saliva
escorregou caiu já era!

Quem eu procuro sabe de cor
uns poemas de amor muito ruinzinhos.

Eu busco nos punhos puídos de camisa
nas casas sem revólver escondido.

Eu busco entre os que perderam o medo
e os que perderam as carnes no jejum do medo.

A cada xícara eu recomeço o mundo.

A tanta gente contei da velhice do mar.
Quem eu procuro é marujo.

Quem eu procuro conhece a alegria das raízes
que estrangulam templos pré-colombinos.

Quem eu procuro me convidará a comer.
Dirá não tem tempero como a fome.
Não verá por que rezar.
     Vapor de vinho no sol a pino.*

    Somos cachorros miúdos
    e Whitman jamais falou conosco na rua
    somos é filhos de Laika, Belka, Strelka
        vira-latas sob a Lua.

    Somos o comentário *en passant*
    da química complexa.

Quem eu procuro dirá me deixem morrer
me deixem morrer pelo menos um dia
com os impostos atrasados
sem os *check-ups* necessários à boa forma física
       (e já não é nenhuma criança)

com ombros cansados de compras no supermercado
sem nunca ter lutado na guerra
com a certeza de desertar em caso de guerra

com um tornozelo ruim
um joelho ruim
dependente de remédios para o estômago.

Me deixem morrer
diluído nas conversas onde andará soube que se separou
que esteve doente
que fazia a barba rigorosamente às 9h
ou que não tinha barba a fazer
que pena

me deixem morrer com os olhos passados no chão
sem entender as calças perfeitamente vincadas
                eu que me limitei a desamarrotar

sem entender o ir e vir dos sapatos
                eu que um dia pisei num prego

sem ter conhecido as catacumbas, o planetário
nem a moderna rede de esgoto da capital

tendo sempre me penteado para o mesmo lado
sempre o mesmo penteado
os mesmos barquinhos de papel para os filhos dos outros
perdidos os sonhos de Pelé
perdido o olhar de Clara Bow
os óculos de aeronauta de Amelia Earhart
quem eu procuro dirá

me deixem um dia em que nada acontece
nenhum avião espatifado no mar

nenhuma chacina
nenhuma reviravolta no Senado
nenhuma epidemia
nenhum atentado terrorista

me deixem um dia de redações calmas
de dedos limpos da tinta preta dos jornais
a gordura nas teclas lavada a álcool
me deixem morrer um dia

um dia calculado em balança de restaurante a quilo
um dia em que meus amigos resolvam o vinho
um dia em que meu irmão esteja tranquilo

me deixem um dia em que minha mãe esqueça
os nomes das escolas em que estudei

um dia que não durma bem há meses
os olhos sempre vermelhos de manhã
com alguma areia no fundo da boca
eu que mastiguei tanto grão extraviado

me deixem morrer numa tarde flutuante
nem quente nem morna nem fria
me deixem morrer um dia

num dia que tenha algo a dizer
e não diga

me deixem morrer num dia que confie em mim
que faça planos para mim

quem eu procuro dirá
depois da refeição.

O café estará morno.
    Ficaremos quietos.
    Quem eu procuro talvez se sinta mal
por eu ter me dado todo esse trabalho.
    Para quê?

                    Não sobraram virgílios para nós.
                    Só quadrinhos na parede
                    comprados em loja de shopping
                    com lições de vida

                        LIFE IS A JOURNEY
                        NOT A DESTINATION

Não comerei o bolo de sobremesa.
    Quem eu procuro vai perguntar
    se eu não prefiro goiabada com queijo.

E eu vou saber
como os que desceram aos infernos
mas não têm as mãos carbonizadas
o esquisito que é
ainda ser jovem
e comer goiabada com queijo.

> *... e vidi quattro stelle*
> *non viste mai fuor ch'a la prima gente.*
> Purgatório, I: 23-24

Entre um movimento e outro da orquestra
quando ninguém sabe se já é a hora de bater palma
um velho tosse.

Com a pancada pulmonar, acorda.
Pois a música clássica o faz dormir
tão bem que vai religiosamente ao Teatro Municipal.

Quase não lembra das sinfonias que ouviu.
Mas conhece os silêncios constrangedores
de todos os grandes mestres.

Segundo

Céu de Porto Alegre

Como certas pessoas
concentram em nós todo o amor falido,
as cigarras voltaram a cantar ao meio-dia.

O ESCRITOR VICTOR HERINGER

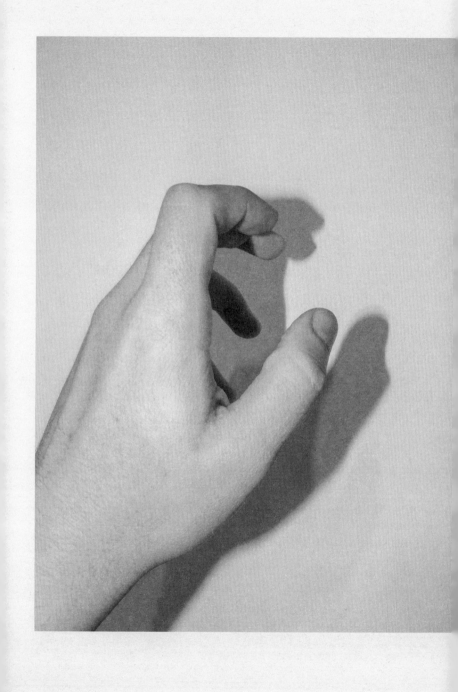

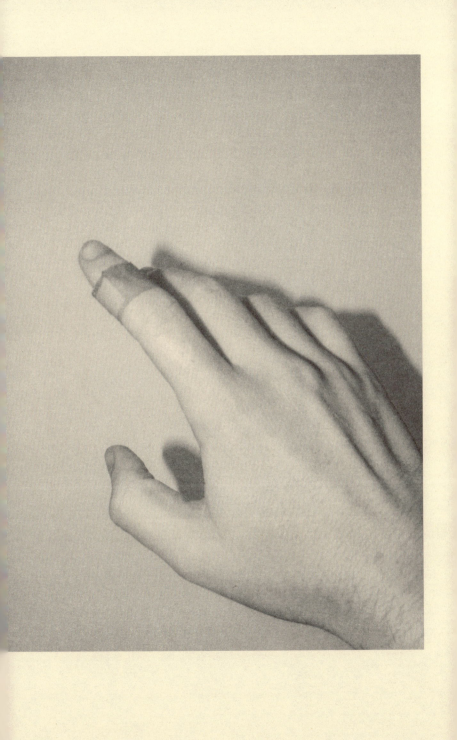

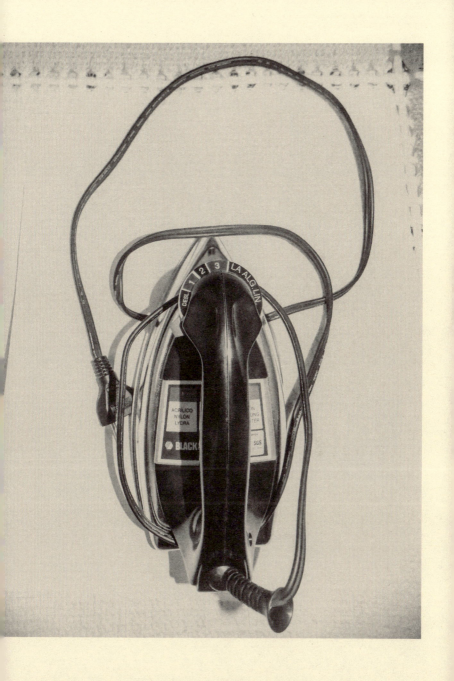

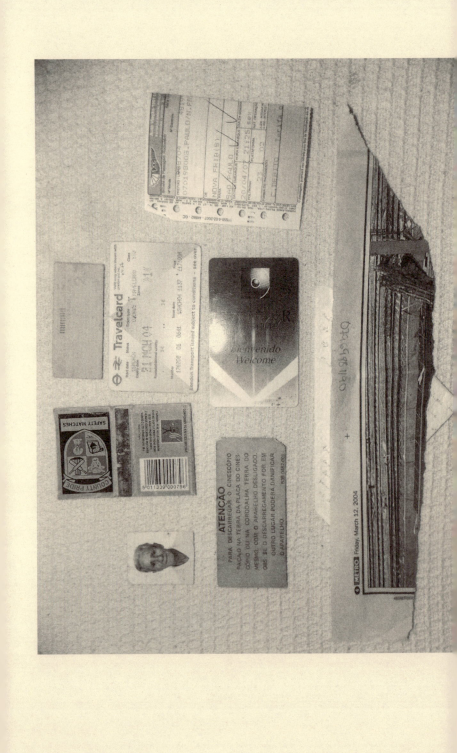

Poeta da imagem e do som

Victor Heringer lança seu terceiro livro em formato multimídia

VICTOR HERINGER:
promessa de renegar o próprio trabalho logo após seus lançamentos

Em 2009, Victor Heringer lançou o romance "Cidade impossível" (editora Multifoco), mas em menos de um ano já renegou o primeiro filho. Ele pretende manter a tradição e renegar os próximos também. Aos 22 anos, o carioca formado em Letras pela UFRJ é autor de uma obra e tanto: além do romance, já escreveu outros livros de poemas, "Quando você foi árvore" e "Idioma cego".

A diferença é que esses dois títulos são inéditos no papel e estão disponíveis somente no site Automatógrafo (www.automatografo.org), do próprio escritor.

Hoje mais um livro entra no ar, "Canção do sumidouro", no qual Victor levará as ferramentas da internet ainda mais a sério, explorando *links*, vídeos do YouTube, sons e outros efeitos que não seriam possíveis no papel.

Aliás, papel não passa pela cabeça de Victor nem mesmo durante o seu processo criativo. Ele escreve diretamente no computador, por achar suas anotações a caneta incompreensíveis. Um detalhe importante é que o próprio autor é quem cuida da parte gráfica do site. Segundo ele, são "resquícios de uma adolescência *nerd*".

Aos 13 anos, Victor começou a ler tutoriais de HTML. Hoje, ele domina as *webpages* com um cuidado estético caprichado.

— A internet não é importante só pela divulgação sem limites. Ela permite uma leitura não linear, fragmentada, hipertextual dos poemas — justifica.

Embora totalmente integrados às novas mídias, os versos de Victor muitas vezes ganham ares nostálgicos. É o que observa Ismar Tirelli Neto, poeta da mesma geração, autor de "Synchronoscopio" (editora 7Letras), muito bem recebido pela crítica:

— Victor sofre de uma velhice precoce. Como se tivesse atingido um estado de madureza cedo demais e não soubesse lidar com isso. É uma poesia inteligente e melancólica, que não se articula com nenhum grupo.

Um exemplo está em "rusga segunda", no quadro ao lado. (*Alice Sant'Anna*) ■

Poema 'rusga segunda', do livro 'Canção do sumidouro'

rusga segunda
(no elevador do prédio)

vivo no oitavo andar
e é cansado subir.
quando descanso a cabeça no ombro,
parece que vivo no infinito.

naturalmente que não.

que as eras glaciais
(e as interglaciais)
não são do meu tamanho
ou do tamanho do fantasma de estimação
dos condôminos daqui.

tem duzentos e quarenta mil anos
e sequer me dá bons dias.

Transcultura é um coletivo formado por Alice Sant'Anna, Antonio Pedro Ferraz, Bruno Na

Índice das fotos

1) a mão esquerda do escritor victor heringer
2) a mão direita do escritor vitor heringer
3) o passaporte vencido do escritor vivć h.
4) a carteira de trabalho do scriptor vitto err
5) os sapatos do pai morto do escovor fito c
6) o ferro de passar do ex vuitton herr
7) coisas encontradas pelo estrotter vi.hr
8) a 2ª vez que o pqn esq vh apareceu no jornal
9) foto duma foto do esc vic erê
10) a comida favorita do escroque vvvv éééér
11) o erê padroeiro do auteur bitorrérim
12) uma pedra de rio do escrriverrérum

o escritor vuitton heringuer
foi criado por babás que ele amava muito
foi com babás que o pequeno escritor vitorrérgin
                          [conheceu a pobreza
não a pobreza abjeta, uma pobreza calma e brasileira
uma pobreza *vraiment* manuel bandeira

o estictor vtor heringcer
uma vez chutou o dedo de uma babá muito amada
porque ela não quis comprar canetinhas hidrocor
para o scriptor vitto err

aí a babá chorou e foi pra casa
aí o escrivirré ficou de castigo num quarto pobrezinho
aí a irmã da babá apareceu no quarto e disse:
vão ter que arrancar fora o dedo da babá amada!
o pqn esq vh quis morrer queimado, mas não arrancaram
                                  [o dedo não

& o écrivain vector hér aprendeu mais sobre a arte da ficção com a irmã da babá amada do que com todo o cânone ocidental, até mais do que com flaubert e machado de assis, mais até do que com o joyce que só fala de igreja

o escritor victor heringer não se decide
se fica de barba ou sem barba

o escritor vitor heringer viu o diabo num sonho
o diabo tem corpo de homem
e cabeça de *scottish terrier*

o escritor vuitton herr mede 1,84 m
mas sempre diz que mede 1,85 m
prefere os números redondos

quando moleque gostava de biscoitos scooby-doo
o es cv iherig te aceita no facebook

PAULISTANAS

Mulher fumando sobre fundo lilás

O estado da arte quem se importa.
Açougueiros de Paris *q u e m s e i m p o r t a*.
Um gato e uma abóbora.
O gato não come a abóbora.
A isso se resume o cosmo.

Não tivemos chance
a época precisava de nós.

ledá-dorada: os poetas riem diferente?
é por isso que vale a pena ser poeta?

exemplo: César Calvo e Antonio Cisneros, poetas.

Juan Gelman não morreu de vergonha

pena, que pena
era tão bom garoto

aqui assumo indigências
Juan está morto

(14 de janeiro, 2014)

autorretrato c/ gratidão

sou como eles
me fizeram
artefeto

vivos
semivivos
recém-falecidos

balada da abstinência

o arrependimento
é o mesmo da vida

eu não deveria
nem ter começado

                    (22 de janeiro, 2014)

é verdade
o que dizem é
quando um para de fumar
começa a sentir os perfumes
que antes não sentia
até na língua

desodorante de amiguinhos de colégio
leite de rosas da avó morta
folha de bananeira de quintal antigo
quarto de hotel onde fui feliz
água e pedra alma limpa
medo de ser esquizofrênico

                              (São Paulo, 28 de janeiro)

ogede

a mulher tem a noite
que acalma os meninos
tem no olho
e tem no útero

ao fauno de Brecheret no parque Trianon

na avenida tocam errado o Sinatra
a avenida está cheia de polícia
34°C, duas horas da tarde

sopra um vento
que bom que te puseram aqui
que bom que pareces o diabo
levando a vida na flauta

eles têm medo
têm?

um passeio só termina
diante de coisas assim

(fevereiro, 2014)

vivendo entre os civílcolas

decidi
está na hora de chegar de ser civilizado
e tentar ser silvilizado

(13 de março)

adendo para cláudia silva ferreira, cujo cadáver
foi arrastado por 300 metros
atado ao porta-malas de uma viatura da pm do rio de
[janeiro:

silvalizar o brasil é preciso

(20 de março)

você sabia
manuel bandeira foi candidato a deputado pelo partido
[socialista brasileiro
tanta gente querendo sair da caverna do platão
tanta gente querendo entrar
sei não sei não

teve aquele conselho do camus pro gerardo mello
[mourão
os escritores devem sofrer a história
não tentar fazê-la
sei não sei não

(19 de março)

que horas são, mi coração
http://taziozambi.com/hora/

deleuzianos rizomáticos
pós-modernos paródicos
vãguardinhas lúdicos
todos acham que ainda vamos
a algum lugar

pres'tenção
o relógio catastrofista do Tazio
dá as horas do fim do tempo
& o tempo do fim
em progresso

nada de novo sob o sol
tudo está à disposição
nada é velho tudo é novo

vai

depois das rusgas depois da morte de ariano suassuna

respeita o defunto
não chama o morto de chato e burro
não vaia o político no caixão do morto
não taca teoria no caixão do morto
que o caixão é onde cabem todas as teorias
o caixão engole tudo
o caixão não é armorial nem boia no mangue
o caixão é maior que platão
é por isso que as pessoas ficam quietas
diante de caixões
as pessoas espertas

o caixão não concorda com ninguém

Troia

com Marlowe

quando os mil navios aportaram
lançados por um sorriso teu qualquer
não muito alegre, nem particularmente importante
(uma criança que ri, uma piada de colega de trabalho)
os capitães mandaram desmontar os barcos
na terra nova

precisavam da madeira
dos cascos e mastros e timões
do assoalho dos aposentos oficiais
das cortinas e provisões, dos ratos

é preciso construir casas
é preciso remexer a terra com vergalhões
precisavam de portas e janelas e telhas
os ratos para roer as sacas de trigo

demarcar e lavrar certidões
inventar o caminhão-betoneira
e os equipamentos de proteção individual (EPIs)
precisavam de concreto
os capitães

inventaram o cheiro do cimento fresco

os capitães que não te conheciam
nem os operários alimentados a bolacha maria
nem os agentes de seguro contra incêndio
que agora ateiam fogo
às torres sem teto de Ilion

O inferno político desenhado aos miúdos

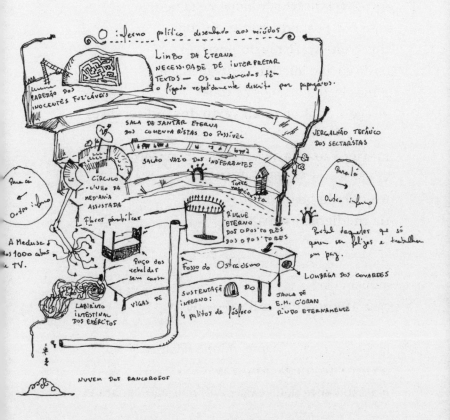

duas jardas acima do Inferno, encontra-se o
limbo da eterna necessidade de interpretar textos
ó Dante, meu caro, mal sabes que aqui
os condenados têm o fígado repetidamente descrito por
                                                       [papagaios

desce um poucochinho, Virgílio
e lá está, sangrento labirintítico
o **paredão dos inocentes fuziláveis**

no primeiro círculo, tilintar de talheres
aqui fica a **sala de jantar eterna
dos comentaristas do possível**
os do círculo inferior, Dante meu amor
nunca incomodam os de cima
— agora estás no **salão vazio dos indiferentes**

mas logo ao lado, ouves o Sinatra na vitrola?
vês as TVs de 57 polegadas?
é o **círculo** home theater
da mediania assustada

flores, mil flores parabólicas
alimentadas
pela **Medusa dos mil cabos de TV**

ao longe avistas, Dante, minha odalisca
a torre dos negacionistas
ela não existe nada existe não não não nananina

defronte a torre, percebes?
passa um oleoduto todo feito de espírito
é o **portal daqueles que só querem ser felizes
e trabalhar em paz**

no círculo inferior, Virgílio minha prenda

está o triste **poço dos rebeldes sem causa**
logo ao lado, o **ringue eterno
dos opositores dos opositores**
os derrotados, meu caro
são atirados no **fosso do ostracismo**
e deságuam
na **nuvem dos rancorosos**

existe um duto, outro duto
'que o inferno é verme de dutos
o duto que os demônios nomearam
de **lombriga dos covardes**
caem todos no vazio

as ligações escusas, Virgílio
meu canário-belga campeão
entre a lombriga e o intestino
são muitas
lá está o **labirinto intestinal dos exércitos**
mais eloquente que a rainha de Espanha
olha e passa

perdida no Tudo
uma jaula
dentro da qual **E. M. Cioran
ri eternamente**

à esquerda tem outro inferno
à direita tem outro inferno

e o inferno político, Dante meu Virgílio
é sustentado tão pequenino
por quatro palitinhos
palitinhos de fósforo Fiat Lux
que a qualquer momentinho

VUSH

Poema reduzido: 7 dias

esta peça foi composta durante 7 dias.
(11/06/14 a 18/06/14)

em duas localidades: rua Mateus Grou, 159
e rua Turiassu, 2100 (distantes 4,6 km uma
da outra: 56 min. de caminhada)

durante 7 dias, guardei num envelope pardo
todos os recibos
de tudo o que comprei no mercado.

valor total: R$ 490,26
tributos: ~R$ 155,01

(nos dias 15, 16 e 17
não fui ao mercado)

(ao final da peça
queimar as notas na chama de uma vela de 7 dias
e enterrar cinzas em 12°56′N / 45°01′E)

Receipt 1

COMPANHIA ZAFFARI COMERCIO E INDUSTRIA
RUA TURIASSU, 2100 -PERDIZES- CEP:05005-000 - SP
(11) 3874.5000
CNPJ:93.015.006/0034-81
IE:115257555110
IM:30538009

11/06/2014 19:40:25 CCF:087848 COO:098103

CUPOM FISCAL

ITEM	CÓDIGO	DESCRIÇÃO		
QTD.	UN.	VL UNIT(R$) ST	VL ITEM(R$)	

001 7898934480523 VINAGRETE HIG DA ROCA 250G 18D x5.65 I1 5.65
  1.0000EV x 2.99 F1
002 7897557500908 TEMP P/ PEIXE TERRA RICA 20G 2.99
  1.0000KG x 2.99 F1
003 2004030000007 LOMBO CONDIMENTADO DEF HANSAS 3.66
  0.0861KG x 42.50 F1
004 2008020000008 QJO MUSSARELA PREMIATTA AS 4.18
  0.1858KG x 22.50 02T12.00%
005 7804350701586 ESP STA CAROLINA BRUT 750ML 38.50
  1.0000GF x 38.50 F1
006 7891991006088 CV BOHEMIA PILSEN LATA 350ML 2.29
  1.0000LT x 2.29 F1
007 7891991006088 CV BOHEMIA PILSEN LATA 350ML 2.29
  1.0000LT x 2.29 F1
008 7891991006088 CV BOHEMIA PILSEN LATA 350ML 2.29
  1.0000LT x 2.29 F1
009 7891991006088 CV BOHEMIA PILSEN LATA 350ML 2.29
  1.0000LT x 2.29 F1
010 7891991006088 CV BOHEMIA PILSEN LATA 350ML 2.29
  1.0000LT x 2.29 F1
011 7896025800113 AZEITE DE DENDE CEPERA 200ML 3.79
  1.0000VD x 3.79 01T07.00%
012 2791050000000 LULA FRESCA INTEIRA 18.31
  0.5740KG x 31.90 03T18.00%
013 0000020149383 POLI QUADRADO 2UN x1.25 F1 2.50
014 7896438813052 CACHEPOT P15NATURALESISALVAR 3.25
  1.0000UN x 3.25 03T18.00%
015 7896553640669 CRISANTEMO VASO 15 R6 1UN x8.97 I1 8.97

TOTAL R$ 103.25
CARTAO DEBITO 103.25
TROCO R$ 0.00
ECONOMIZAR E COMPRAR BEM
Val Aprox Tributos R$ 37.06 (35.89%) Fonte:IBPT

Receipt 2

F L V COMERCIO DE HORTIFRUTO LTDA
RUA MATEUS GROW .159 CEP: 05415-050
TEL: 3081 7901 PINHEIROS - SAO PAULO - SP
CNPJ:08.772.290/0001-01 IE:149.652.207.111

11/06/2014 13:20:52 CCF:184159 COO:347420

CUPOM FISCAL

ITEM	CÓDIGO	DESCRIÇÃO	
QTD.	UN.	VL.UNIT(R$) ST IAT	VL ITEM(R$)

001 7898903018092 ALFARROBA CAROB BANA 3.59
  1.0000N x 3.59 T03 A
002 7898903018092 ALFARROBA CAROB BANA 3.59
  1.0000N x 3.59 T03 A
003 7898903018313 BOMBOM ALFARROBA C 1.89
  1.0000N x 1.89 T03 A
004 7898903018313 BOMBOM ALFARROBA C 1.89
  1.0000N x 1.89 T03 A
005 7894900701609 COCA COLA ZERO 600ML 2.79
  1.0000N x 2.79 F1

TOTAL R$ 13.75
cartao debito 13.75
T03-18.00%

MD5: abb08ae9ceef882639f7192e39007cf4
TRIBUTOS: R$4.34 IBPT:31.56% Fonte:IBPT
Operador: 147 - Ana Paula Barros
-9v2 w9$0/Y$w$YxxxShhK=>hbwH-p-Kp-xh9pRXw!S>$h2
ZPM ZPM/1FIT LOGGER ECF IF
VERSAO:03.03.04 ECF:009 LJ:0001 OPR:
UUUUUUUUCUOUSOGUC 11/06/2014 13:21:31
FAB:ZP040/08185

Receipt 3

FLV COMERCIO DE HORTIFRUTO LTDA
RUA MATEUS GROW,159 CEP:05415-050
PINHEIROS SAO PAULO -SP
CNPJ:08.772.290/0001-01 IE:149.652.207.111

13/06/2014 09:34:36 CCF:058735 COO:126379

CUPOM FISCAL

ITEM	CÓDIGO	DESCRIÇÃO	
QTD.	UN.	VL.UNIT(R$) ST	VL.ITEM(R$)

001 6159 SUCO LAR FRUTAS VERM 4.99
  1.0000UN x 4.99 I1
002 6169 SUCO ABA HOR GEN COU 5.99
  1.0000UN x 5.99 I1

TOTAL R$ 10.98
Cartao debito 10.98

MD5: abb08ae9ceef882639f7192e39007cf4
Operador: ISABEL
V=N9µ-1-Kwx-w$$-0}/-K$KRb2 -&K-S@Tp=M SwbxS -S/>
ELGIN ELGIN FIT ECF-IF
VERSAO:01.00.08 ECF:016 LJ:0001 OPR:
UUUUUUUUNSEUTIISG 13/06/2014 09:35:07
FAB:EL01110000000022493

Receipt 4

COMPANHIA ZAFFARI COMERCIO E INDUSTRIA
RUA TURIASSU, 2100 -PERDIZES- CEP:05005-000 - SP
(11) 3874.5000
CNPJ:93.015.006/0034-81
IE:115257555110
IM:30538009

12/06/2014 17:26:32 CCF:107363 COO:120130

CUPOM FISCAL

ITEM	CÓDIGO	DESCRIÇÃO	
QTD.	UN.	VL UNIT(R$) ST	VL ITEM(R$)

001 7750526000833 MILHO GIGANTEINKAORIGINAL250G 4.99
  1.0000PC x 4.99 F1
002 2049300000004 QJO COALHO ESPETOPIMENCRIOULC 9.37
  0.3358KG x 27.90 03T18.00%
003 7891095021390 BATATA YOKITOSQUEIJOCOALHO5OC 1.99
  1.0000UN x 1.99 F1
004 7891095021390 BATATA YOKITOSQUEIJOCOALHO5OC 1.99
  1.0000UN x 1.99 F1
005 2555290000004 FRALDINHA FRIBOI VACUO 16.01
  1.2102KG x 13.89 I1
006 7898292885381 CHOC HERSHEYSOVOMALTINEBC130G 4.59
  1.0000TL x 4.59 F1
007 7098872960148 ALFAJOUR DOCE LEITE A.BOCA45 2.39
  1.0000UN x 2.39 F1
008 0000078911314 CV BOHEMIA PILS LONGNECK355M 2.39
  1.0000GF x 2.39 F1
009 7898972960155 ALFAJOUR BRIGADEIRO A.BOCA45 2.39
  1.0000UN x 2.39 F1
010 7896003968408 MOL PRTMASTERFOODSBARBECU340 6.89
  1.0000VD x 6.89 F1
011 7896500000351 PETIT GATEAU SORVELANDIA 120 9.50
  1.0000UN x 9.50 F1
012 2103270000003 QJO MUSSARELA RALADA SP AS 4.99
  0.2321KG x 21.50 02T12.00%
013 7896007865130 MOLHOSHOYUSAKURATERIYAKI180ℳ 4.85
  1.0000FR x 4.89 F1

TOTAL R$ 73.1
CARTAO DEBITO 73.
TROCO R$ 0.0
ECONOMIZAR E COMPRAR BEM
Val Aprox Tributos R$ 17.15 (23.44%) Fonte:IBPT

Receipt 1

```
COMPANHIA ZAFFARI COMERCIO E INDUSTRIA
RUA TURIASSU, 2100 -PERDIZES- CEP:05005-000 - SP
              (11) 3874.5000
CNPJ:93.015.006/0034-81
IE:115257555110
IM:30538009

14/06/2014 12:53:46   CCF:086850   COO:097775

            CUPOM FISCAL
ITEM CÓDIGO       DESCRIÇÃO
QTD. UN.    VL UNIT( R$)   ST   VL ITEM( R$)

001 7898953990010 CV ESTRELLA GALICIA 600ML 1GF x4.50 F1   4.50
002 4004591037861 CV ALEMA KAISERDOMKELLERB500ML
    1.0000LT x 5.90             F1                        5.90
003 7896333000038 SUCO INT LARANJA NATURAL E500ML
    1.0000UN x 2.48             F1                        2.48
004 7896333000038 SUCO INT LARANJA NATURAL E500ML
    1.0000UN x 2.48             F1                        2.48
005 7898270740091 MACA CROCANTE FESTIVAL 40G
    1.0000PC x 2.98         03T18.00%                     2.98
006 7898953990010 CV ESTRELLA GALICIA 600ML 1GF x4.50 F1   4.50
007 7793440702940 VH BENJAMIN NIETO MALBEC750ML
    1.0000GF x 31.50            F1                       31.50
008 2009700000004 BANANA PRATA D.7303KG x4.45 I1           3.25
009 2143800000004 TOMATE ITALIANO 0.4210KG x7.35 I1        3.10
010 7898270740091 MACA CROCANTE FESTIVAL 40G
    1.0000PC x 2.98         03T18.00%                     2.98
011 7898270740091 MACA CROCANTE FESTIVAL 40G
    1.0000PC x 2.98         03T18.00%                     2.98
012 7898940128051 CEBOLA EXTRA TP 2 1KG BELONI
    1.0000PC x 3.25             I1                        3.25

TOTAL      R$                                            69.90
CARTAO DEBITO                                            69.90
TROCO      R$                                             0.00
ECONOMIZAR E COMPRAR BEM
Val Aprox Tributos R$ 25.98 (37.17%) Fonte:IBPT
```

Receipt 2

```
COMPANHIA ZAFFARI COMERCIO E INDUSTRIA
RUA TURIASSU, 2100 -PERDIZES- CEP:05005-000 - SP
              (11) 3874.5000
CNPJ:93.015.006/0034-81
IE:115257555110
IM:30538009

13/06/2014 19:19:07   CCF:066645   COO:075041

            CUPOM FISCAL
ITEM CÓDIGO       DESCRIÇÃO
QTD. UN.    VL UNIT( R$)   ST   VL ITEM( R$)

001 7898160140529 SASHIMI FAMILIA YAMAMURA 600G
    1.0000UN x 29.90            F1                       29.90
002 7801222040659 VH TIERRUCA CHARDONNAY 750ML
    1.0000GF x 14.50            F1                       14.50
003 7750526000864 MILHO GIGANTE INKABARBECUE250G
    1.0000PC x 4.99             F1                        4.99
004 7896283002878 QUINOA REAL JASHINEM.GRA0250G
    1.0000CX x 21.90       03T18.00%                     21.90

TOTAL      R$                                            71.29
CARTAO DEBITO                                            71.29
TROCO      R$                                             0.00
ECONOMIZAR E COMPRAR BEM
Val Aprox Tributos R$ 23.57 (33.06%) Fonte:IBPT
```

Receipt 3

```
COMPANHIA ZAFFARI COMERCIO E INDUSTRIA
RUA TURIASSU, 2100 -PERDIZES- CEP:05005-000 - SP
              (11) 3874.5000
CNPJ:93.015.006/0034-81
IE:115257555110
IM:30538009

18/06/2014 19:21:30   CCF:094071   COO:105726

            CUPOM FISCAL
ITEM CÓDIGO       DESCRIÇÃO
QTD. UN.    VL UNIT( R$)   ST   VL ITEM( R$)

001 7899221452530 ESP 801 110V CADENCE 1UN x59.70 F1      59.70
002 7898362590428 ROSCA GUSMAN POLVC/LINHACA80G
    1.0000PC x 3.29             F1                        3.29
003 7750526000864 MILHO GIGANTE INKABARBECUE250G
    1.0000PC x 4.99             F1                        4.99
004 7750526000864 MILHO GIGANTE INKABARBECUE250G
    1.0000PC x 4.99             F1                        4.99
005 7898270740091 MACA CROCANTE FESTIVAL 40G
    1.0000PC x 2.98         03T18.00%                     2.98
006 7898235810319 MACA DESIDRATADA PRIMODOR050G
    1.0000PC x 3.25         03T18.00%                     3.25
007 7898270740091 MACA CROCANTE FESTIVAL 40G
    1.0000PC x 2.98         03T18.00%                     2.98
008 7898270740091 MACA CROCANTE FESTIVAL 40G
    1.0000PC x 2.98         03T18.00%                     2.98
009 2004060000008 PERA WILLIAMS CALIBRE 90/100
    0.3622KG x 4.97            I1                         1.80
010 2010430000060 ABA VERMELHA 0.3865KG x4.45 I1          1.72
011 7898363590077 ROSCA GUSMAN POLVILHOCE/SAL80G
    1.0000PC x 3.29             F1                        3.29
012 2007720000004 LARANJA PERA GRANEL KG
    5.5200KG x 1.25                                       7.98
013 2009010000008 LIMAO TAITI 1.1541KG x1.28 I1           1.90
014 7899932277049 MORANGO SUPER 320G 1BD x7.98 I1         1.43

TOTAL      R$                                           103.34
CARTAO DEBITO                                           103.34
TROCO      R$                                             0.00
ECONOMIZAR E COMPRAR BEM
Val Aprox Tributos R$ 32.25 (31.21%) Fonte:IBPT
```

Receipt 4

```
COMPANHIA ZAFFARI COMERCIO E INDUSTRIA
RUA TURIASSU, 2100 -PERDIZES- CEP:05005-000 - SP
              (11) 3874.5000
CNPJ:93.015.006/0034-81
IE:115257555110
IM:30538009

14/06/2014 16:11:22   CCF:088124   COO:098929

            CUPOM FISCAL
ITEM CÓDIGO       DESCRIÇÃO
QTD. UN.    VL UNIT( R$)   ST   VL ITEM( R$)

001 7896495000129 DESENTUPIDOR DIABO VERDE 300G
    1.0000FR x 9.45             F1                        9.45
002 7896495000334 DESENT DIABO VERDE BIO 150G
    1.0000FR x 17.20        03T18.00%                    17.20
003 7895013407102 SODA CAUSTICA ZAP 300G 1PT x4.95 F1     4.95
004 7896010404993 DESEN PIA BETTANIN TURBO 499
    1.0000UN x 6.98         03T18.00%                     6.98
005 0611269110717 BEB ENERGY RED BULLSUGARF250ML
    1.0000LT x 5.99             F1                        5.99

TOTAL      R$                                            44.57
CARTAO DEBITO                                            44.57
TROCO      R$                                             0.00
ECONOMIZAR E COMPRAR BEM
Val Aprox Tributos R$ 14.66 (32.89%) Fonte:IBPT
```

relação de produtos:

185 G QJO MUSSARELA PREMIATTA AS

1 ESP STA CAROLINA BRUT

5 BOHEMIA PILSEN LATA

1 AZEITE DE DENDE CEPERA

574 G LULA FRESCA INTEIRA

2 POLI QUADRADO

1 CACHEPOT P15 NATURALESISALVAR

1 CRISANTEMO VASO 15 R6

1 MILHO GIGANTE INKAORIGINAL

335 G QJO COALHO ESPETOPIMENCRIOULO

2 BATATA YOKITOSQUEIJOCOALHO

1,2 KG FRALDINHA FRIBOI VACUO

1 CHOC HERSHEYSOVOMALTINEBC

1 ALFAJOUR DOCE LEITE A.BOCA

1 CV BOHEMIA PILS LONGNECK

1 ALFAJOUR BRIGADEIRO A.BOCA

1 MOL PRTMASTERFOODSBARBECU

1 PETIT GATEAU SORVELANDIA

0,232 QJO MUSSARELA RALADA SP AS

1 MOLHOSHOYU SAKURATERIYAKI

1 SUCO LAR FRUTAS VERM

1 SUCO ABA HOR GEN COU

2 CV ESTRELLA GALICIA600ML

1 CV ALEMA KAISERDOMKELLERB500ML

2 suco int laranjanaturale500ml

6 maca crocante FESTIVAL

1 vh BENJAMIN NIETO MALBEC

730 g banana prata

421 g tomate italiano
1 kg cebola extra TP2BELONI
1 sashimi familia YAMAMURA
1 vh TIERRUCA CHARDONNAY
3 milho gigante INKABARBECUE
1 quinoa real JASMINEM GRAO
1 rosca GUSMAN POLVC/LINHACA
362 g pera williams CALIBRE
1 rosca GUSMANPOLVILHOCE/SAL
1,52 kg laranja pera granel
1,16 kg limao taiti
1 morango SUPER 320 g 1BD
1 desentupidor DIABO VERDE
1 desent DIABO VERDE BIO
1 desen pia BETTANIN TURBO
1 beb energ RED BULLSUGARF

Não sou poeta

Agora que os estalos da adolescência passaram
e a vida assenta como uma cômoda de mogno

agora que os joelhos estalam quando me levanto
sem mulher, sem filhos, mas com emprego estável
é preciso admitir que não sou poeta.

Embora o meu amor esteja solto no mundo
violento, semicego e ferido no ombro
não sou poeta.

⦿

Todos me felicitam. Que bom, dizem
vida de poeta é muito difícil.

Logo a gente chega a ser homem
e acaba com as coisas de menino.

A vida afunila.

⦿

Eu tinha dois, três truques nos bolsos
de calças compradas em shoppings.

Não soube nunca comprar como poeta
a longa espera por um par de sapatos
sentinela no deserto.

Os sapatos são fabricados e os pés dos poetas passam anos
              [se deformando. Até que um dia cabem.
Por isso qualquer roupa parece velha
no corpo de um poeta.
Por isso estão sempre se desculpando
pelas roupas velhas.
Mas em segredo se orgulham.

Embora eu tenha um corpo
que pode ser confundido com o corpo de um poeta
não sou poeta.

Tenho as pernas fortes e os braços magros.
O torso amolecido dos boxeadores
os órgãos de dentro estropiados.

Mas quem me vê nu instintivamente sabe que não sou
                                        [poeta.

Não levantei a mão esquerda em golpe de dançarina de
              [flamenco ao ler Jaime Gil de Biedma para
                      [os meus amigos,
embora tudo tenha conspirado para isso.
Para que se me entranhassem as coisas.

Concluo que não sou poeta.

Tenho os dedos frios de um técnico em informática
e sou triste como um técnico em informática
mas não sou tão triste quanto um barbeiro.

Eu li todos os tratados da métrica portuguesa.

⦿

Assinei dois contratos como poeta
que doravante já não têm validade.
Assinarei um terceiro, como última traição.

Serei perdoado por todos.

⦿

Doravante vão reinar o olho e a raiva.

As melhores botas para caminhar na areia
os cálculos de longas distâncias
os treinamentos de apneia.

O amor virá até mim como vai aos jornalistas e CEOS, aos
 [sushimen de São Paulo (SP) que vieram do Ceará
  [— ideais porque têm mãos quentes.

⦿

As partes elegem o Foro da comarca de São Paulo (SP), renunciando a qualquer outro, por mais privilegiado que possa ser, para dirimir todas as questões surgidas quanto à interpretação ou execução deste contrato que não puderem ser resolvidas amistosamente.

SEBASTIANÓPOLIS (ABANDONADA)

O prolixo das coisas rindo-se de nós.
Alberto Pucheu

Avisos

Este poema se fez sozinho e irresponsável. É crônica e romance de fugitivo, ladainha de mal-amado, comédia romântica, despedida e rabisco. Já se falou tanta coisa do Rio que não tem mais graça. Eu mesmo me repito e reciclo:

> *Aqui, a linha da serra dos Órgãos (meus*
> *também) ainda é eletrocardiograma (meu*
> *e do Rio). Fácil ver um coração que bate.*
> *Preguiça danada de escalar.*

À paródia de cidade, um esboço paródico. É a voz natural. Não sou Pound nem Pós-, nem Mário, nem Goll, não sou o samba nem o funk, nem ninguém — sou moleque e vou crescendo com a cidade de São Sebastião, arremedo de Paris belepóque, filha monstruosa de maiâmicas tendências, chão d'áfricas e cachoeira canibal. Aqui nasci & me deformei, aqui quero morrer, retornado de viagem longa e tediosa. Mas não me deixem morrer fora do Rio.

À cidade vendida, meus pêsames. Cada época tem canhões apontados para si, ameaçando bombardeio. Não sou de polir canhão alheio, muito menos de dinamitar navio. Não sou de ferro, não tenho armada. Sou mui leal, não sou heroico. Mas não me deixem morrer fora do Rio.

À cidade picotada, minha caixa de ruído. Sou eu, o garoto.

Sotaque e caligrafia e desencontro. Se falo de coração é o meu, se falo de santos são os que me protegem. Dito isso, Deus pode não existir à vontade. O nosso é que é o silêncio grávido. É nosso, o transe. Deus não sabe do ritmo, é contínuo e feliz como ronco de marido exemplar. Sou alegre porque termino. Mas não me deixem morrer fora do Rio.

À cidade de Sebastianópolis, minha consideração, que é a forma com que os cariocas designam certa espécie de amor que não diz que ama.

i. O garoto na cidade

Externa, noite. Chuva.
Você na varanda, atrás de você o morro pisca.
Você veste um emaranhado de luzes natalinas.

Você.
Você é mais útil quando precisam de fogo.
Você nasceu para carregar um isqueiro no bolso da camisa
e acender as velas das festas.
Aniversários, funerais, jantares.

Você é tataraneto de crimes históricos,
mas individualmente é inofensivo.
Todos os seus amigos de infância
hoje são advogados ou professores de educação física.
Quando te perguntam o que você faz, teu emprego:
você diz que empina pipas na noite.

Carnaval 2013. Máscaras mais populares:
 Eu quero um retratinho de você
1) a presidenta da república Dilma Rousseff;
 Pois vou mandar fazer o seu clichê
2) Osama & Obama;
 Você é uma figura original
3) dois ex-prefeitos detestados;
 Que vai deixar o mundo inteiro mal (bem mal)

4) um juiz do Supremo
   Figura só vê quem não lê
   O teu olhar tão profundo

No jornal (*O Globo*, 16\01\2013): Rio sem 'mas' ou 'porém'\
todos acusados de irregularidade\ O Brasil vai bem,
Inimigo sujo\ Chuva forte inunda ruas,\ A crise europeia chega aos livros no Brasil.
Jihad é preocupação\ RIO — Antigo pesadelo
de Dilma se diz mal interpretado\ Polícia Federal mata motorista\ Exército permite
o Flamengo só dá alegria\ Democracia e diversidade\ DESCONTO.

Externa, dia abrasalento.
Transexuais na praia da Glória me mostram suas
[vergonhas
orgulho — foi o suor do rosto que pagou o silicone.
[Garotos rodeiam.
GAROTOS: Vamos lá pegar manga!
Ratôu!
Não, vamos a pé ali, cara, ali ó.
Aquilo ali, ó, é viado! Vou sair daqui.

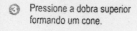

Você vem sempre aqui
ouvir a cidade
que teus antigos chamavam de beata, pobre e infecta.
A cidade fala como nos velhos filmes do teu país:
dublada por artifício, gravada à parte, dessincronizada.
Britadeiras, demolições, reformas.

> *Lord, in a bourgeois town*
> *It's a bourgeois town*

Sem as histórias que inventam sobre a cidade
não há cidade.
As calçadas e os parques e os edifícios.
Britadeiras, demolições, reformas.

> *I got the bourgeois blues*
> *Gonna spread the news all around*

Você.
Você, o mais médio dos homens, bissetriz.
Você tem cara de turista.
Tuas raízes são aéreas
como as de certas árvores.

Você ainda tropeça nas raízes que racharam
o concreto das calçadas.
    É isto uma cidade:
    a) uma ferida;
    b) insustentável.

Definição provisória: você: uma ferida
insustentável tropeçando numa ferida
insustentável.

A vida inteira o eco
dos primeiros atos selvagens.

II. O amor dos homens avulsos

Externa, noite.
A vida inteira o eco
dos primeiros atos selvagens.

A primeira bala perdida da história do Rio, um tiro de canhão do século XVIII, acertou a fachada de uma loja maçônica. Em 2010, o chefe do tráfico de drogas na favela da Rocinha, Antônio Bonfim Lopes, vulgo Nem, forjou o próprio enterro para confundir a polícia. No atestado de óbito, no item "local da morte", mandou registrar o endereço da 15ª DP (Gávea), delegacia que investigava seus crimes.

A pele menino do Rio estourada
as chaminés de Bangu derrubadas
britadeiras, demolições, reformas

ai, Guanabara! ai que, ai que
a avenida Rio Branco, antes de a construírem de verdade, foi toda de papelão, o papelão pintado pelo Rodolfo Amoedo e pelo Almeida Júnior para enganar uma comitiva de investidores ingleses. Trouxeram pombos parisienses para as estátuas novas. Os ingleses andaram-andaram e não perceberam o embuste. Investiram tudo. No avesso da pintura, o Ocidente.
Papelão, pombo & gambiarra

como antigamente, o poema se contenta
anda arranhando ao longo do mar como caranguejo, Rio
[de Janeiro.
400 coelhos, 400 maneiras de ficar bêbado.
Centzontotochtin. Centzontlatole.
Copacabanas ipanêmicas urcas.

Amamos a areia.
Nem morro, nem asfalto
amamos a areia.
Nossa areia está em toda parte
o primeiro ato selvagem.

Adeus, Sebastianópolis
sangue salgado fruta atlântica rubi
cintila de carros de polícia
a cidade que nunca expulsou seus poetas.

Adeus, Sebastianópolis.
Vou-me embora de vontade.
Obcecado pelo semidesértico
e pelos quadrados de Maliévitch
nasci aqui equivocado.

Rilke não foi carioca, por isso não se irritava
e não gostava de samba
e sabia ficar sozinho.
Quero escrever este poema na única noite gelada do ano.

Não consigo viver no Rio.
Mas conseguiria viver em outro lugar?

Aprender a ser sujo.
Uma pichação na Presidente Vargas diz Antes eu sonhava
agora já nem durmo.
Difícil este poema em pleno século 21.
               Não é assim que a vida vem.

Não é assim que a vida vem.
Desconfiamos a vida.
                    Ela não vai vir.
Já está distante e se afasta
velha estrela apagada.

A vida inteira o eco
dos primeiros atos selvagens.

Quando vi pela primeira vez o casal Kahop,
Kate e Arthur "Hop" Tode, em 16 mm
eles estavam no Rio pós-'45.
Vieram a bordo do Stella Polaris, de Bergen.
Isto é um filme de família em viagem.
Moças tomam sorvete bebem caipirinha de costas para a
                                                            [baía
até avistarem os fortes. Paisagens conhecidas:
futebolistas e palmeiras-reais, copapálace.

Reconheço a cidade em que vivo quando em filme antigo.
Não reconheço a praia: todas as praias se parecem.
A sunga surgiu bem antes do que eu imaginava.
Da velha existência dos guarda-sóis eu já sabia.

A carioca do pós-guerra já corria pra não perder o bonde.
O Cristo da época era de pedra.
Que tanto gostam os estrangeiros de trepar nos morros...
Uns carros e ônibus que nunca vi, 'que o brasileiro é
                                                   [desfruto:
teve que se fazer dentro de ninguém. Capim-gordura.
Na cara do Corcovado tem um índio camuflado
com braços abertos no alto do cocar.

Em média, 31 190 890 290 fotografias da cidade
são tiradas por ano. A maioria inutilizável:
fora de foco de quadro
pessoas na frente da paisagem.

Turistas sobem o Corcovado
tiram uma foto de braços abertos
o turista é aquele
que se desloca pela terra para confirmar
os cartões-postais e os cartazes das agências de viagem.

Em toda cidade há um homem
que parece um pescador, mas nunca viu o mar.

Externa, dia.
Parque do Flamengo, ladainha com os misantropicalistas.

Apatia, apatia, irmãos!
Não há ruptura nós
somos a fratura

Nenhum de nós traz o pequeno fim do mundo
de Milosz de cor
(*ninguém acreditará que o fim já chegou*)

Trazemos no meio do tronco uma nódoa branca
que a frente fria nos deu
(*manhã de chuva e caos no Rio de Janeiro*)

Somos avulsos, oferecemos o amor dos
                            [homens avulsos
aos atletas e alegres de fim de semana
(*um senhor muito idoso corre de Havaianas*)

Os carros e a carga tributária riem de nós
os que estamos na chuva
(*se o futuro chegou, já não temos futuro*)

O príncipe submarino
já não pode mergulhar

uma tristeza profunda tomou conta
de seu coração
desde então ele sonha todas as noites
[que está nadando
(*nos outros dias, alaga, atravanca e ri*)

Quero virar um bonde de borco!
Fantasma de Pereira Passos!
diz o mendigo aqui da rua, apelidado "Argentina"
sobrevivente da Revolta da Vacina.
Ao trabalho!, ele grita
cheira chaminés nos postes altos da avenida.
As fábricas apitariam
não fosse o século o 21.
     Meus pais se conheceram na fábrica de tecidos
          [Nova América
   hoje um shopping center temático.

   Em 1824, a bordo do Argus, meu antepassado
   alfaiate ou joalheiro de Munique
   aportou em Niterói.
A mando do imperador ficou lá esperando uns meses.
A mando do imperador picotaram em lotes
umas terras na serra.
A meu antepassado, por sorte
coube a única parte que não era escarpa ou cachoeira.
Virou capitão sem patente.

     Os do outro lado vieram de al-Ândalus
      simétricos bárbaros de cabelo curto
       e tardes últimas e sangue e música.

Vontade mar aberto.
Ilha de abismo.
Impaciência e deserto.

    Meus irmãos
de nervos municipais sadios
tenho um pedido.
    Quando eu morrer não quero choro nem...
Quero que atirem minhas cinzas no canto
no canto mais poluído
da baía.

Onde aterraram o topo de um morro
e o sopé do outro.
Longe, muito longe do aeroporto.

No deque de onde se vê mar & areia em forma de foice.
Nos escondidos em que se amam os moleques
                            [clandestinos.
Onde dormem os turistas perdidos e os mendigos.
Entre as árvores que dão frutos de carne azul não
                            [comestível.
    Atirem ali as minhas cinzas.

    Muito mais tarde, pensem no meu fantasma.
    Pensem se ainda guarda os tíquetes de viagem.
        Se a praga do sal
    se as ondas mais indelicadas.

    Sem medo, se ainda fuma.

Todas as putas da zona portuária debandaram.
Tão acostumadas a entranhas, têm medo
do comércio exterior.

Alunos pouco aplicados, ondinos, chacais, aldeões
                    ubi sunt?
Aquele menino que fugiu de casa e me ofereceu o mundo
o céu da boca num escuso de areia em Copacabana
                    ubi est?
                    Teu filho chama.

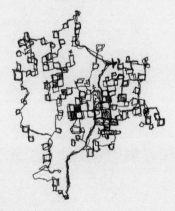

Lapa do ópio, Hotel Paris, São Cristóvão dos Tiroteios.
Três Tombos, Tijuca, Mangueira. São Salvador
dos esquivos. Gamboa, Del Castilho, todas as ilhas.
Terreiros e vielas onde foi se meter João do Rio.
                    Dandiê, dandiá.

Morros lendários de Bandeira, colcha de retalhos
afagando as montanhas. Glória de meus sequestros
Catete de meus assaltantes e de Mário de Andrade.
São Januário das catástrofes sem importância.
Leopoldina. Teresa mais santa que a de Bernini.
Méier dos frenesis. Andaraí dos meus amigos.
Todas as praias aterradas, toda a velha elegância.
Tudo o que cai aos pedaços, é teu filho quem chama.
         Quer se despedir.

Entrego meus papéis
adeus, Sebastianópolis.
Aqui o poema que te fiz
aqui o que você me deu de chiado solar.
Aqui o meu nascimento no Rio Comprido.
Não levo raiva, vou de improviso.
Levo uns olhos que vi ontem
num solo de clarinete.
Nesses olhos vi a tua queda, Rio querido
    et habet sua castra Cupido.

Não será pela boca, mas por uns olhos distraídos
olhos de Clara Bow, *homeward bound*
que Sebastianópolis vai cair.
Nem bombardeio, nem invasão inimiga.
A cidade será tomada à brisa.
Ninguém vai acreditar que o fim já chegou.

Ela sentará asmática, enviuvada, desconsolada
de todos os amantes
meneando a cabeça enquanto outro solo
enxerta
encavala
suinga. A bateria depôs sua rainha. Tudo, tudo
se acabará num clube fumumbro em Botafogo. Mudo
é o final da festa e o começo de outra.

III. Assim virá o ruído

Externa, noite.
Nas saias da Providência.

        Eu sou
     o samba, eu sou.
        Flagelo
     das cem sarjetas.
        Tambor
     dos mil tristonhos.
       Patrono
     das alvoradas
     preto Dioniso.
       Barulho
      dos homens.
      Areia quente.
      Festa difícil.

A primeira vez que vi L. foi num centro de umbanda.
Madureira, em teu mercado eu perdi minha vida.
Ponta de lança, peito, velas, pimentas, galinhas
estatuetas do meu mapa protetor:
Ogum à testa, Oxum queda-d'água nos ombros
na mão direita Xangô.
A canhota é de tudo o que me fiz até aqui.

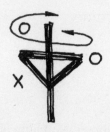

Nasci na pedra do Sal, chorei pequenininho
e sujo. Parto normal. Garoto tamborim.
De memória só sei teu mar
          lacrimondas mundo
          lacrimundíssimo.

        O samba
        me segue
        mil corações
        gastos. Cortejo
        o meu à frente
        abre alas.

        O batedor
        inquieto
        sou eu.

        De pé de vento
        em pé de vento
        eu vou.

      Eu sou o samba, amor.
      Amorno e morro, amor.
      Eu sou o samba, eu sou.
      Fogo, cinzo, levanto.

Externa, hora do almoço. Na Pauliceia
o samba me segue
seu cortejo de cem mil corações gastos.
O meu à frente abre alas.
A Polícia Civil fecha a rua e a comitiva passa.
                        Sou eu o batedor inquieto

Negócios ternos ternos
sóis paulistanos. Reconheço
o samba é no bronze das estátuas.
O verde no parque é o mesmo.
Mesmo é o vinho. Ela, a mesma:
todos sabem o que a palavra "coração" quer dizer.

Minha cidade também respira e trabalha.
A cidade é um órgão nosso.
Todos sabem o que a palavra "coração" quer dizer.

        Não sei nada do amor subterrâneo.
        Em cima do asfalto, acima de Vênus
        marquemos ali
        aqui nos veremos.

        As calçadas deste mundo trastocadas
        pa' que dancem os garotos.

Um poeta me diz que no outono os paulistanos sorriem.
Meu irmão costumava cantar *merry, merry*
month of May, um um, um dois, um três
o cortejo passa, meu coração à frente.
Todos sabem o que quero dizer. Que quero que
                              quero que
                        o samba, o samba
                            eu sou.

                        De pé de vento
                        em pé de vento
                            eu vou.

Que eu seja vozerio
e não só isso.

O amor rio velho após seca acorda
espraia aflui faz a barba respira.

Um rosto rejuvenescido
vai bater à porta dos meus amigos.
    Aqui estou de novo
    iluminado e ridículo.
    Perdi minhas rugas nos nomes das plantas: não-me-deixes, não-me-esqueças, não-me-toques, não-te-esqueças-de-mim, não-me-soltes, miosótis. Mas sou o mesmo. Irmão, me reconheça, me dá pouso, me acorrenta a um pé de mesa, 'que hoje estou dos que não baixam mais depois. Sou o mesmo, vê: o cigarro entre o médio e o anular, os óculos escuros que foram do meu pai, a camisa do meu avô. Um conhaque para o renascido, areia grama e água, ouro incenso e mirra. Aqui estou eu, de novo.

                        Que eu seja vozerio
                            e não só isso.

A vida vem. Eu estava errado. Irmão, ela vem enorme, vesga, truculenta, sem norte. Desarrumei as calçadas do planeta, não tenho mais como fugir.

>Ela esteve aonde vou
>estará onde estive
>está onde estou.

Não se anuncia, não ri, chega e pede um café, outro café, por favor, açúcar não tem? E falafala com voz de falange sobre as coisas de si: o futebol a cachaça a chuva que não para. Estou vivo diante dela, ainda mais vivo. Tomei lições de dança, amigo, me dá pouso. Não precisamos dormir.

>(São Paulo, maio de 2013)

iv. O amigo dos canibais sente frio

Interna. Madrugada
a única gelada do ano. 12°C.
Só é bambambã quem já virou mesa no Lamas
diz Bandeira em 1931, quem perdeu armadas inteiras
e meia dúzia de eleições e a hora dos sérios, dos ônibus.
Bife com batatas da Prússia, sanduíche de pernil, chope
[mulato.
Nós: capim-gordura
e a vaga lembrança.

É tamanha coisa o Rio de Janeiro da boca pra dentro
tão baqueado o nosso estômago.
Cinco séculos a digerir um só gigante de pedra.

Ela disse o otimista: um cego de olhos fechados
ele disse o pessimista: um cego de olhos abertos.
Há tanto amor no breu & tanta noite falhada.

Ele disse o nosso tempo: tempo de por que não?
Ela disse ninguém mais tem saúde para canções de exílio.
Quando dá ou quando nos pedem, sorrimos.

De vez em quando fica um silêncio
e um de nós pensa que tem tanta mulher grávida
que numa delas já cresce o próximo.

Alguém diz que subiu a Pedra da Gávea.
        Para descer só há uma trilha.
Fui sem bandeira e sem água.
Lá de cima vi a casa em que minha ex-mulher vivia.
Lembrei das cartas do Kafka, como era triste o Kafka!, e o
                                    [sol teria sido.

        EU: E a trilha de subida?
            Pra descer só tem uma trilha.
Sou o caçula. Não sei de nada. Mas são amáveis comigo.
Ele diz o Biedma quando diz que não voltará a ser jovem.
EU: Só entendo poema póstumo
           Morrer é mole
e alegria dolorida de músculo:
já que vim até aqui, por que não?
           Descer é rarefeito.

Tenho que tentar essa trilha, tenho que ver essa trilha.
Meus amigos riem e do pesadelo da história, quem já
                            [acordou
e esquadrinham seus amantes, milhões de mesas riem
esquadrinham dormem fundo fulaninha era assim
fulaninho cama mesa e banho.
        Quantos espelhos tem o Lamas?

Pedro 1 escarrava da varanda nas escravas lá embaixo.
Já Pedro 2 era um lorde.
A moça passa lá fora pensando em Solano López.
Fez mestrado em Solano López. Foto dele na cabeceira.

A moça talvez seja o Judeu Errante
quem sabe onde está e que forma tem o eterno agora?
Aasvero veio para Pernambuco com os holandeses
depois partiu para Minas, onde o viram chorar numa
[igreja.
Muito bem pode ter feito mestrado na UFRJ
os estrangeiros vêm para o Rio e não querem mais voltar.

Penso em ter um filho com ela, uma menina
que nunca terá sede e saberá de memória
quando cada bicho foi extinto.

Ele diz a cidade do Rio de Janeiro é fanha
e canta de madrugada pra quem sabe ouvir
cantigas antigas que aprendeu dos velhos donos.

É gorda camadas mais camadas de papas e banhas
branca e preta, uma teta ela atira aos passantes
a outra escondida numa tela de Picasso (*Guernica*).

Cabelo de palmeira água de coco nas veias
mãos de sapólio boca navio de fundo calado
pés jaboticabas dentes de gesso olhos vazados.

Diogo Cão, navegador sob as ordens de João 2
só conhecia ciências carnificinas. Do rei do Congo
roubou a arma mais preta e lhe deu a alma mais branca.
Aqui fundou um açougue pardo. No açougue nasceu o Rio
                             filés postas cubinhos.

EU: Mas a beleza —?
Todos riem.
        Ninguém usa a palavra a sério hoje em dia.
A ameaça do domingo vai irritando meus amigos.
Três já foram embora (do Lamas, do continente).
Proponho substituírem a estátua do Alencar, ali pertinho
por uma de Diógenes e seu cachorro no topo do Cara de
                                        [Cão.

Um garoto apaixonado é impossível.
Vamos fechar a conta, vamos
encerrar a história.

O AMIGO DOS CANIBAIS SENTE FRIO

Este é o refugo dos dias
o motivo secreto no sangue.
      Eu e o mar nunca combinamos ressaca.

            O ar foi zerado: pássaros verdes
            na estátua verde do Alencar.

Tenho minhas chances, se
os avós ainda vão à missa
no fundo quem sabe é um filme japonês
o sol esquenta os ossos e ninguém tem revólver em casa
e a cada cerimônia o mundo é recomeçado
e sempre um helicóptero à tardinha é uma coisa bonita
e sempre as urnas tortas, e sempre as gavetas não fecham.

Li os aforismos de Cioran com tanto fervor
a tanta gente contei da velhice do mar.
Escrevi eu te amo em tantas coisas
mas com creiom vermelho numa lixa 40.

Quis morar no edifício Seabra com as gárgulas
e ser irritado como o Álvares de Azevedo.
Quis morar no Guinle, sua sombra esbranquiçada,
e ser Dirceu de Marília, uísque com diplomatas.
Quis morrer afogado, Iemanjá me devolveu à praia.

Gostei tanto do Piva abatendo os anjos
dos relâmpagos de fim de tarde.

Inventei um idioma, esqueci
uma cidade só pra mim, desarmei os portões.

Tentei catalogar os pregos e os zumbidos da rua
ser adivinho de incêndios em cantinas de colégio.
Tentei o cântico dos cânticos cosmológico.
Um elefante é grande assim é por quê?
Daqui em diante nem Deus sabe é por quê? Etc.
       O cosmo se canta sozinho é melhor.

Quis derrubar qualquer Jericó
e ser a mulher que doía o corpo todo de Borges.
Quis saber da geometria planejada
das novas pornografias. Do apetite escancarado
de quem atira a mesa de centro pela janela.
                Estávamos na Casa Villarino.
                Um prédio chamado Liberdade
                desabou levou outros dois
                (*o Colombo e um sobrado*).

Vi a cara de todos os poetas na rua Dois de Dezembro
nenhum deles me falou da asneira que é ter um nome
que é falar um nome, que é um nome ponto parágrafo

que é o/a amante tomar conta do poema
a cigarra tomar conta do poema
um anúncio do Almanaque Laemmert.

CASA DE SAUDE
de Convalescença e Hospicio de Alienados
DE
S. SEBASTIÃO
DO
Dr. Julio de Moura & C.
104 (CHACARA) **RUA** (CHACARA) **104**
CONSELHEIRO BENTO LISBOA
TELEPH. 1085
Antiga Pedreira da Candelaria
(CATTETE)

Parece exausto, o Alencar da estátua
da felicidade geral da nação, do bem de todos
as coxas magras de quem passa muito tempo sentado.
Vamos correr no Aterro, José
enquanto o Bruxo estrebucha enfurnado no Cosme Velho.
Também amo Joca Maria, é teu filho e meu pai
mas estou cansado.
Vamos aprender a surfar
a moda agora é o *stand up paddle*.
     Vamos levantar os braços
     bater o pé, gritar pulmões.
     Vamos correr de lá pra cá
     até o chicote nos apanhar.

Se te dessem a chave da cidade
você a deixaria destrancada?

Teria carro blindado, apê em São Conrado
e medo do porteiro, José?

Você teria coragem, hoje
diria que os olhos da carioca são doces como açúcar?
      Tanto sangue coagulado no açúcar
      tanta morbidez fresca e refinada...

Sabe que inventamos a redundância
"há muito tempo atrás"? Tem tempo demais
na nossa cola. Queremos o tempo longe, mais-que-longe
um hoje saturado de agoras, mais-que-perfeito.
Diz isso pros teus índios, que eles vão achar graça.
Diz pros teus escravos que trocamos o açúcar pela
                                    [sacarina.

                Quase esquecemos aquelas tuas 7
                            [cartas de '67.
                Tudo volta, José: *A escravidão caduca*
                mas ainda não morreu
                ainda se prendem a ela graves
                        [*interesses de um povo.*
                É quanto basta para merecer o respeito.
                José, tudo é público. Vai, me diz
                daí do alto: *Somos dois homens*
                cativos; que ventre é verdadeiramente livre?

O domingo espreguiça. As casas bocejam os homens
que bocejam seus filhos macio maciçamente.
BOCEJO: Dá licença, menino
tranca-rua, estorvo de estacas zero
que o dia é novo e tudo é doce mais ou menos.

          O dia é novo, camará
          e tudo é doce...

Golpe de Estado!
O síndico anterior comprava cigarros
com o dinheiro dos condôminos. A honra!
Aqui está a verdade dos autos. Carimbo
e assino. Os cidadãos de bem
tomamos o poder!, me diz um rebelde
no elevador. Nunca te vi no prédio.
Você está de que lado?
O preço do condomínio baixou.
Dona Marli, não adianta sarcasmo
na portaria somos todos advogados.
        PORTEIRO: Por que é que padre
                 [não pode casar?
        SÍNDICO NOVO: Não sei, seu
                 [Renato, não faz sentido.
        SÍNDICO DEPOSTO: (*berra do elevador
        de serviço*) Os bons governantes
        amam a indignação dos gover-
        nados. Indignação santa, desde
        que permaneça lírica.

      Vou indo
as meias-noites me seguindo.

O dia é novo, camará, vai levando
um dia depois do outro.

Vai medir os cabelos
nas cachoeiras do Horto
enquanto há tempo o dia é novo
  é domingo de novo
   ê ê, camará ê...

Relaxa, amigo.
Jango hoje não vai pro Sul
não é hoje a inauguração de Brasília
os morros não verão polícia
nem comitê olímpico
não virá Villegagnon
não virão os índios.

    Vou indo
  as meias-noites me seguindo.

Vendedor de vassouras, ambulante
pavão de piaçava e madeira
toda segunda te ouço pregoar.
                ÓOOUÁ VASSOU-RÁ!, ecoa
                o corredor de prédios do Catete.

Não foi você
aquele fotografado por Ferrez no século retrasado?
     Óoouá
Aquele que o Conselheiro Aires ouviu em '87 e '88
não é tua a mesma boca?
              vassou-rá!

   Óoouá, inexplicável permanência dos pregões.
      O hipermercado ali do lado...
Tua voz é tão necessária
quanto o ruído do caminhão do lixo (terça e quinta)
              vassou-rá!
e os gritos de gol (quarta e domingo)
mas quem compra contigo?

Óoouá
No carnaval vi um cara fantasiado de você.
Imitava a voz e tudo
estava vestido de voz

        como você
belo

vassou-rá!

— *oouá...*

       supérfluo

vassou

— *á*

       indispensável

.

v. O quizila no banquete

Seis da tarde, hora da linha reta
na cidade ondina. Arranha-céu
fósforo em cabeleira. Deus ri quieto
           (Sinos da igreja da Matriz
           ainda há sinos, quem diria...)
da nossa angular petulância. Externa, brasa e chuva.

O ano inteiro
& por toda a cidade
a gente encontra confete pisado.

A beira da folia é de saliva.
    Escorregou caiu já era!

                      <u>11/02/13</u>
Come solto o carnaval. —— AMBULANTES: Cerveja, cerveja. Uma é três, três é dez! —— Aqui no Rio a gente abraça e dá dois beijinhos. —— Batman escala o trio elétrico dos Beatles. —— No rádio: Quem não quer alegria sai daqui!

                      <u>12/02/13</u>
No carnaval as almas não descem pra terra. Quando descem, levam bronca. Mas dançam assimesmo em cima dos carros de alegoria. —— Percebe só o carioca indo pros blocos: parece cansado, apreensivo, emburrado como quem vai

pro trabalho, vai obrigado é pra pagar o leite e o mel e o vinho brotam do chão, brotam do chão! —— Eu bato ponto é no atabaque. —— *Potlach!*

Lapa do asfalto ralado em pedraria
sem neon, sem hotel, ao fundo o aqueduto.
É noite, amor, um beijo é Quarta de Cinzas
                     rua Joaquim Silva!

Nem sei mais o que é viver sem martelos no ouvido
nem sei mais o que é sem você.
      Parece que chove, que nunca mais te vejo.

         É britadeira, nêga
         pó de brita no peito.
         Eu sou o samba, amor.
         Amorno e morro, amor.
         Eu sou o samba, eu sou.
         Fogo, cinzo, levanto.
                  Demolições, reformas.

Tem tempo persigo um garoto.
Quem viu que avise!
            Bater d'água na pedra
            é pra fazer vapor.

Vesgo, truculento, desnorteado
eu vou atrás, sou eu esta legião de esquálidos
eu sou o samba. O garoto está em minhas fileiras.
Caminha inaceitável entre os homens
cacto em parapeito de janela.

Estou onde ele está, mas não o vejo.
   Quem viu que avise!
Chamo por ele com voz de cavaco.
   Quem viu que avise!

      Viu meu garoto?
      Vi não senhor.
      Meu nome é acalanto.
       Não vi...
      Amorno amôrno.
      Vi não...

VIT\VICTOR DOUGLAS\DOBRAS\DOBLAS HENRIQUE\REDHERRINGHERING\ HERINGER DESAPARECEU NA MADRUGADA DE QUARTA PARA QUINTA QUEM SOUBER DO PARADEIRO QUEM SABE FOI PAR'O SUL ATENTAR A VIDA QUEM SABE ESTÁ ESCONDIDO DELA \DELA QUEM\ NUMA VIELA DE MORRO É BRANCO UM METRO E OITENTA E SETE VINTE E CINCO ANOS CABELO ZINCO\CINZA SEM TATUAGEM NEM ESPOSA DESAPARECEU FANTASIADO DE VAPOR DO TRÁFICO DE DROGAS LEVAVA UMA PIPA MAS CHOVEU E O PAPEL DESMILINGUIU SÓ LEVAVA MESMO O ESQUELETO E O TRAPO DO CORPO QUEM SABE FOI PAR'O ESPAÇO QEUM\QUEM SABE TOMOU UM FOGUETE POR ENGANO A NASA FOI ALERTADA OS RUSSOS FORAM ALERTADOS OS CHINESES A POLÍCIA NÃO QUER SABER NINGUÉM DEU FALTA NUNCA SE SABE TODO MUNDO SABE COMO ESSA GENTE É ESSA GENTE É ASSIM SEM MAIS NEM MENOS VAI LÁ E SOME

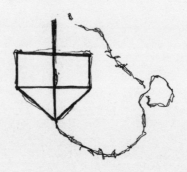

VI. Pipas na noite

do alto o nosso país esteve sempre em ruínas
ou nunca esteve.

Casal Arthur Monroe Tode (1894-1966) e Kate Eisig Tode (1905-1990), viajantes do século passado que documentaram suas turistagens pelo mundo em 16 mm. Kahop desembarcou no Rio de Janeiro em 1946. Veio a bordo de um navio chamado Estrela Polar. Se era verão, não sei. Kahop filmou a capital e uma cidadezinha que imagino ser Teresópolis. A película começou a se deteriorar logo depois da partida, segundo o diário de Arthur.

Indignação santa: frase de Foucault: Tradução de: "Face aos governos, os direitos humanos", *Libération*, n. 967, 30 junho--1º julho, 1984, p. 22. (Republicado em *Dits et Écrits*, tome IV, texto n. 355.)

"Assim virá o ruído" foi escrito num quarto de hotel em São Paulo, nos dias 11, 12 e 13 de maio de 2013.

É tamanha coisa... Gabriel Soares de Sousa (1587)

Almanaque Laemmert, 1889, p. v, pág. 1842.

Descrição de como se avaliava um escravo: Robert Walsh.

Cacto em parapeito de janela: capa de disco do Cartola.

PLANETAS MENORES

Designação provisória:

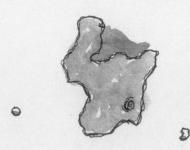

O sistema atual de designação provisória de asteroides, centauros e objetos transneptunianos existe desde 1925.

O primeiro elemento na designação provisória é o ano de descoberta, seguido por duas letras e, opcionalmente, um número.

A primeira letra indica em que mês
o objeto foi descoberto e os meses
dividem-se em duas metades.

Assim, "A" indica descoberta
na primeira metade de janeiro e "B", na segunda
— e assim sucessivamente até "Y",
para a segunda metade de dezembro
(a letra "I" não é usada).

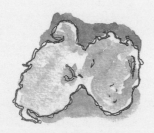

A segunda letra e o número indicam
a ordem da descoberta no período.

O oitavo asteroide
descoberto na segunda metade
de março de 1950, por exemplo,
receberia a designação provisória 1950JH.

Designação formal:

O descobridor do asteroide
deve propor um nome formal
à União Astronômica Internacional (IAU).

A IAU estabelece algumas regras
para o batismo de corpos celestes:

Os nomes propostos devem ter até 16 caracteres.

De preferência, uma única palavra
deve ser utilizada.

O nome deve ser pronunciável.

O nome deve ser escrito em caracteres latinos.

O nome não pode ser ofensivo.

O nome não pode ser idêntico
ou muito similar ao de outros planetas menores
ou demais satélites naturais.

21 SIMPATIAS PARA O AMOR

Prolegômenos

Todos os feitiços, rituais e encantamentos deste livro foram realizados pelo autor, frequentemente em companhia de P., a pessoa amada. Os registros fotográficos são de autoria de ambos.

"Amor", neste grimório, é um conceito livre, assim como "família".

Oferenda para fazer durar o amor perdidamente começado

- Um chapéu de Panamá
- Duas velas vermelhas e brancas
- Folhas de samambaia
- Pedras de cachoeira
- Uma botija de cachaça
- Dois caquis
- Prato de cerâmica

A oferenda deve ser depositada num caminho de calmaria, ao cair da tarde. Disponha os caquis e algumas pedras no prato. Ao lado do prato, o chapéu. Coroe-os com samambaias e o restante das pedras. À frente, as duas velas e a botija de cachaça.

Despeje metade da cachaça sobre as folhas de samambaia, caquis e pedras. Deixe a garrafa aberta. Por fim, acenda as velas. O caqui é a nossa romã. Zé Pelintra, meu amigo inquieto, guardaremos um quarto para você quando a bebedeira o fizer perder o caminho de casa.

Bem-me-quer nº 1

- Açúcar refinado branco
- Flores amarelas
- Flores vermelhas
- Pote de vidro

Despetale as flores. Encha o pote de vidro com açúcar, pétalas amarelas e pétalas vermelhas, nessa ordem e em partes iguais. Feche bem o pote. Proteja-o das formigas. Observe o arranjo envelhecer.

Amuleto contra desilusão

- Pedra branca ou esbranquiçada, pequena
- Pedaço de pano branco
- Barbante branco

 Confeccione uma bolsa com o pano e o barbante, para guardar a pedra. Deposite a pedrinha sobre as cicatrizes em seu corpo, durante cinco minutos cada, e guarde-a imediatamente na bolsa. Só a retire para repetir a operação com novas cicatrizes. Carregue o amuleto consigo sempre que se sentir inseguro.

Beberagem nº 1

- Vela preta
- Vinho tinto seco
- Tigela de barro nunca utilizada

 Derreta a base da vela e fixe-a no centro da tigela, despeje o vinho até a borda. Acenda o pavio. Aguarde até que a chama se afogue e, sem retirar a vela, beba o vinho. Se possível, divida-o com a pessoa amada. No dia seguinte, enterre a vela em um jardim. A tigela pode ser reutilizada no dia a dia, a chama nos estômagos.

Bem-me-quer nº 2

※ Cinco pregos pequenos, de preferência enferrujados
※ Cinco pétalas de rosas vermelhas ou brancas

Pregue as cinco pétalas de rosa no tronco de uma árvore de grande porte. Verticalmente, caso sejam brancas; horizontalmente, caso sejam vermelhas. Martele com delicadeza, só o suficiente para que as pétalas fiquem fixas e não se partam, não afunde os pregos na madeira.

Se escolher pétalas brancas, sonhar com a pessoa amada na noite do encantamento é sinal de sorte. Para quem escolher pétalas vermelhas, o sinal de bom futuro é *não* sonhar com o amado.

Caso não se lembre do que sonhou, repita a ação na mesma árvore, mas invertendo a cor das pétalas — alterando, portanto, sua disposição e as condições oníricas. Pregue-as da maneira que preferir em relação à linha anterior: ⊥, ⊤, +, ⏋, ⌈ etc. Se o esquecimento persistir, não insista. Um sentido lhe foi negado, o que não é necessariamente ruim.

Após a conclusão do ritual, a retirada ou não dos pregos fica a seu critério. Martelá-los até a cabeça também é uma possibilidade. Certas árvores engolem tudo ao crescer, inclusive vazios pontiagudos.

Canto de atração

☙ Três maçãs vermelhas
☙ Sete chaves virgens
☙ Assobio forte

Corte as maçãs ao meio e retire as sementes. Invente uma melodia que ninguém mais conhece. Em um dia de sol, disponha as sete chaves virgens no chão de uma estrada arborizada, de preferência próxima a uma montanha. As chaves devem ser dispostas em círculo, viradas para fora, com as sementes no centro. Assobie a melodia no espaço entre as árvores, para atrair o amor. Logo, em silêncio, atire as sementes na direção da melodia.

Eleguá é o dono do assobio, ofereça a ele as maçãs, deixando-as na beira da estrada. Utilize as chaves virgens para portões ao ar livre ou portas de entrada e saída de casa, jamais para passagens entre aposentos, cofres ou armários.

Amuleto para viagens

- Três jabuticabas com casca
- Três pedaços pequenos de pano branco cru, nunca usado
- 300 ml de vinho tinto seco
- Barbante branco

Despeje o vinho em um copo de vidro sem ornamentos. Embeba os panos no vinho e deixe secar, de modo que fiquem completamente tintos. Submerja as jabuticabas no copo e deixe descansar durante a noite. Com uma faca, retire as sementes das jabuticabas e enterre o restante (carne e cascas) numa só cova. Envolva as três sementes nos três panos e amarre com o barbante. Em viagens, cada amante deverá carregar consigo um dos amuletos. O terceiro ficará na casa onde vivem ou no lugar em que se encontram com mais frequência.

Jogo da neblina

- Três pedras preparadas
- Sal branco

Colha três pedras pequenas, arredondadas, mas irregulares o suficiente para que se reconheçam ao menos dois lados. Sua superfície deve ser lisa, de coloração clara. Pedras de rio, polidas e achatadas, são ideais. Entretanto, as pedras escolhem o jogador, chamado tradicionalmente de "dono da neblina", tanto quanto este escolhe as pedras. A colheita é um comércio de instintos.

Grave os seguintes símbolos nas três rochas, com pincéis marcadores ou tinta:

A *pedra do bidente* rege o aspecto fértil e substantivo da existência. Produção, crescimento, pensamento, transformação, diálogo, multiplicidade.

A *pedra do bicho* está ligada às matérias do imponderável. É sobretudo adjetiva: impetuosa, cega, violenta, instintiva, egoísta, desmedida, funda, amoral.

A *pedra dos círculos* é a única que possui dois símbolos gravados. De um lado, uma esfera preta; no lado oposto, um círculo menor, de cor vermelha, que antigamente era tingido com o sangue daquele que leria as pedras, o dono da neblina. O círculo vermelho indica potência vital e tem influência fortificante. A esfera negra representa negação, anulação, vácuo — não necessariamente a morte, que é um fenômeno natural, parte do ciclo orgânico.

As peças são jogadas ao mesmo tempo sobre um tabuleiro de sal branco, despejado sobre terra nua em quantidade generosa, para que as pedras se firmem ao cair. Sua forma usual é a da meseta: derrama-se o sal num único monte, cujo topo é alisado com as mãos de maneira a criar uma superfície plana rodeada por escarpas. O tabuleiro pode ser remoldado, caso se desfaça. Em uma variante menos conhecida e mais perigosa do jogo, usa-se tabaco como tabuleiro, queimado imediatamente após a consulta. O sal, por sua vez, pode ser reutilizado, inclusive na cozinha.

A leitura é feita de acordo com os sinais gravados e a posição das pedras após a queda. Quanto mais próximas umas das outras, maior a influência ou confluência entre si, potencializando as ligações semânticas. A interpretação dessas forças, entretanto, depende dos símbolos manifestos no sal e sua visibilidade — se estão muito enterrados, de ponta-cabeça, visíveis pela metade etc. O dono da neblina é também o dono do significado, cabe a ele dar sentido à disposição das pedras.

Em geral, joga-se *para* alguém, isto é, com o objetivo de responder às dúvidas ou angústias de outra pessoa. O dono da neblina não pode jogar para si próprio, mas é possível "jogar de garganta": prática solitária, livre de perguntas ou aspirações, considerada uma forma de meditação. Jogada após jogada, proliferam-se interpretações sem fundo até que o leitor atinja um estado de exaustão de sentido, causado pela overdose de significação. Esse estado não tem nome.

As pedras são artefatos intransferíveis, devem ser colhidas, preparadas e manejadas sempre pela mesma pessoa. O vínculo entre o dono da neblina e suas pedras é tão poderoso que muitos as levam para a cova ao morrer. Usualmente, as peças são guardadas em um recipiente de madeira ou vidro cheio de sal, mas há variações. Os nômades Afar, do Chifre Africano, as carregam em pequenas bolsas de pano ou couro presas à cintura. Na Turquia, são enterradas nas latas de *mu'assel*, o tabaco aromatizado utilizado nos narguilés. Certas famílias dos subúrbios do Rio de Janeiro as mantêm em vasos de espada-de-são-jorge.

PEQUENINO LIVRO DOS DESASTRES

variações sobre nova friburgo depois do estrago

Ne soyez donc de nostre confrarie;
Mais priez Dieu que tous nous vueille absouldre!
Villon

I

eu corro —
não pela minha vida
não por calistenia
mesmo por cansaço

eu corro porque ando
terrivelmente acostumado

aqui nem tanto
aqui desconheço as curvas
e os acidentes de terreno
adiante
aqui corro puro de futuros
mas o peso do passado recente

não reconheço as fendas nas montanhas
(como se gigantes lhes tivessem cravado
colheres também grandes
como se fossem potes de sorvete)
beirando pontos vitais ou turísticos

as cicatrizes assustam
(como chegar a uma casa que não é sua

e encontrar tudo revirado
os vidros dos porta-retratos
de família quebrados)

mas se
os meus suores não se misturam ao dessa gente
que já faz piada
já se chama de flagelada

eu corro —
não sou da mesma noite
eu sobressaio
(meus tênis preparados para brilhar
quando passa carro)

II

você sabe, o terremoto de lisboa é engraçado
disse vonnegut

é que não são as mesmas marcas que temos nos braços
no ventre, na cara, no coração
nossas cicatrizes não são felizes
como as da terra são

a terra é feliz; não pode não ser

e as crianças já riem e saltam quando visitam a rua
que desapareceu
("ali morreu uma mulher. ali tem uma mulher morta")

os pais respondem meu filho, não fala assim
tão alto
mas se a terra nunca foi de sentir muito
ou de, polida, usar guardanapos
para limpar os dentes sujos de vermelho
a terra que escorre pelos cantos dos lábios

a terra é feliz; não pode não ser

e eu corro porque ando
terrivelmente acostumado

III

minha mãe, já não estou tão alegre
estômago embrulhado
vontade nenhuma
pânico nenhum

pode ser febre, pode não ser
pode ser desgosto
pode ser um plano
de assistência para covas
(mas você? tão novo)

(tão novo
& já não estou tão alegre
é que a terra não é alegre; é
                    tremendamente
feliz)

você não precisa correr pra ser grande
disse minha mãe um dia
inteiro sob meus tênis
que não a esmagavam

você tem covinhas nas bochechas
é pra isso

pra ser feliz
ainda que ela não diga tudo assim
tremendamente
explicadinho

IV

minha mãe, eu corro —
não pela minha vida
não, não, por ela

pela dos outros?
se já estamos todos
acostumados

V

a terra é minha mãe postiça
(mãe é quem cria, mãe é quem cria)
já não corro mais dela

já não é aterradora
como costumava ser
mas nunca que eu ousaria
uma "balada dos aterrados"
em dó menor ou qualquer trocadilho
é que ainda temo — não corro — pela minha vida
e há de se ter certo respeito
mãe é quem cria, mãe é quem cria

VI

onde estarão os que aqui estiveram
antes de nós?
não posso chamar pelos nomes
se nunca os soube
e meu fôlego não alcança
(corro ainda
ainda corro —

para quê? não sei nomes de árvores, bichos,
lojas, avós, tias, tios…
para onde, então, depois?)
como serão os filhos dos meus filhos dos meus filhos?
saberão que eu corria de nada?
farão piada disso?

em quatrocentos mil anos
outra dessa catástrofe

vai acontecer
(ouvi repetido numa banca de jornal)

ainda bem

VII

de repente o povo deu para a onomástica
e para os estribilhos:
nova nova friburgo, nova nova de novo!
jesus cristo, jesus cristo!

eu não sei não

VIII

ei, minha mãe postiça,
já não estou tão alegre
quanto queria

é que de repente eu corro —
o que segue não é bem vida
é que não são mais minhas as cicatrizes —
as graças que têm
é que de repente o povo
é que tremendamente
é que as covinhas
é que nada é tão novo

um massacre em Paris

você pode não fazer nada
que é uma ação que se resolve em si mesma

você pode estar no trabalho
você pode não saber o que é *Charlie Hebdo*
quem: um homem rico, um senador da *république*
você pode não falar francês
você pode ter certeza da pronúncia
Tchárli *à l'anglaise*, Ebdô *à la French*

você pode não saber o que é um hebdomadário
você pode não saber o que é um *arrondissement*
você pode não saber que a av. Paulista fica a 9401,51 km
                              [do 20º *arrondissement*
a 9401,51 km de distância
você pode se sentir desconfortável

você pode ver os cartuns que seus amigos postam no
                              [Facebook
você pode ver os cartuns dos cartunistas mortos
você pode rir

você pode nunca abrir uma edição do *Charlie*
você pode achar de mau gosto
você pode achar de péssimo gosto

você pode concordar com o Christopher Hitchens
você pode ser um *enfant terrible*
você pode achar melhor não mexer com a religião dos
                                                [outros
você pode não querer saber quem são os Le Pen
você pode saber que nem todo mundo é terrorista
você pode achar os desenhos tão banais

você pode ler as notícias sobre o ataque
você pode ler os *live updates* do *NY Times* e do *Guardian*
você pode ser um homem branco vivendo no Brasil
você pode ser uma mulher branca vivendo
você pode ser um homem muçulmano
você pode ser uma mulher muçulmana
você pode ser um bisneto de muçulmana
você pode ser um homem mulato nascido no Brasil
você pode ser um homem coreano recém-chegado ao
                                                [Brasil
você pode ser um menino de Moçambique

você pode ver repetidas vezes na TV um homem branco
sendo carregado de maca até uma ambulância
você pode notar que os tênis dele são Adidas
você pode nunca mais esquecer que os tênis eram Adidas
pretos com 3 listras brancas
e que ele estava sem camisa

você pode ver repetidas vezes na TV
o policial deitado tomando tiros

nos *headphones* os tiros são tão altos
você pode arrancá-los de um susto

você pode ver repetidas vezes na TV
um filminho de celular feito por amadores
no topo de um prédio
você pode ter amigos em Paris
você pode ter conhecidos em Paris
você pode não conhecer ninguém em Paris

você pode pensar somos viciados em informação
você pode ter vontade de comprar cigarros depois de 10
                            [anos sem fumar
você pode comprar cigarros quando sair do trabalho
você pode andar ida e volta na avenida
você pode pegar chuva na ida
você pode não pegar chuva na volta
você pode notar a fronteira azul/cinza no céu
você pode imaginar que a chuva anda mais rápido que
você pode ver como a noite vem caindo
você pode saber que já é madrugada

você pode ouvir Mendelssohn
você pode ouvir Eduardo Paniagua e o Ibn Báya
                            [Ensemble
você pode ler as mesmas notícias cinco vezes
você pode ouvir os *statements* dos *heads of state*
você pode não se importar tanto com o que dizem

você pode ler que uma mulher que trabalha no prédio
mandou um SMS a um amigo dizendo

estou viva há muita morte ao meu redor
sim, eu estou lá os jihadistas me pouparam
você pode ficar intrigado com o *estou lá*
você pode não saber o que é *Allahu Akbar*

você pode querer ligar para a sua mãe
você pode olhar os meninos tão atléticos na rua
você pode pensar que o seu gosto para homens é clássico
você pode ter um gosto grego para homens
você pode ao mesmo tempo ser lucian-freudiano em
                                                     [mulheres
você pode ver que o mundo também tem gorduras e
                                                     [descolorações
você pode preferir o mundo

você pode ver que ninguém está arrancando os cabelos
                                                        [em SP
você pode ver a fila de carros para entrar no shopping
você pode ver que o labrador do seu vizinho está crescendo
ainda ontem era filhote

você pode não dizer nada no Facebook
você pode não ler os comentários que deixaram nas
                                              [notícias de Facebook
você pode ser de esquerda
você pode se espantar com um corte de cabelo na rua
você pode ler o que um grande crítico disse
você pode achar uma pena as mortes do Wolinski do Cabu
você pode pensar porém na arrogância ocidental
você pode pensar de fato na arrogância ocidental
você pode se perguntar se um brasileiro é ocidental

você pode se sentir ocidental
você pode não sentir nada
você pode ouvir uma palestra de 40 min do Edward Said
você pode se sentir pós-colonial
você pode achar que é cedo demais para o Said
você pode lembrar que ele falou dos atentados de
[Oklahoma City
você pode não saber quem bombardeou Oklahoma City
você pode comprar pasta de dente
você pode sorrir com a promoção

você pode ler na revista *Jacobin*
que é melhor se preparar
você pode ver que já vem o coice antimuçulmano
você pode pensar ai a Europa se avacalhando
você pode achar que é cedo demais

você pode pensar nos limites do humor
você pode sentir nojo do sangue desenhado nos cartuns-
[-tributos
você pode ver uma foto dos seus amigos no topo da Pedra
[do Leme
você pode acompanhar até às 21h41 Tignous Cabu
[Charb, Wolinski +8

você pode lembrar que os últimos anos não têm sido bons
você pode checar as notícias da Petrobras
você pode checar todos os sapos do Panamá morreram
você pode ler os ensaios do Foster Wallace sobre tênis
você pode não ficar obcecado com o *Charlie Hebdo*

você pode lembrar que tem feito novos amigos
você pode lembrar que amanhã já é quinta-feira
você pode tomar espumante porque acabou a cerveja
você pode se sentir mal porque espumante é bebida de
[festa
você pode tomar espumante num copo de requeijão
você pode querer fazer um brinde ao Jonathan Swift

você pode de repente sem saber bem por quê
você pode desenhar um pequeno Maomé secreto em seu
[caderno

(São Paulo, 7 de janeiro de 2015 — 22:11)

AUTOMATÓGRAFO

Sense-deceptions, faulty observation, distraction, exaggeration, illusion, fallacy, and error are not idle abstract fancies of the psychologist, but stern realities.

Joseph Jastrow

O poema anterior
Historiografia

remeteu para a câmera de eco
todas as encruzilhadas
foram devidamente encruzilhadas.

vejam vocês os instantâneos que tirou:
somos nós, em ângulo crítico.
saímos com a cara dos perdidos,
                              mas

até que ficamos bonitos
nessa pose espontânea.

O automatógrafo*

O mecanismo é constituído por uma pesada placa de vidro encaixilhada numa armação de madeira, assentada sobre três patas ajustáveis. Sobre a placa há três esferas de latão ou aço perfeitamente polidas e dispostas em forma de triângulo,** que servem de suporte a uma fina lâmina de cristal, de moldura mais leve. As pontas dos dedos são delicadamente postas sobre a placa superior. Quando tudo está ajustado, e as esferas e a placa de cristal previamente untadas de óleo, é praticamente impossível manter o aparato perfeitamente imóvel por mais de alguns poucos segundos: ao menor desequilíbrio, a placa superior começa a deslizar de forma irregular. De olhos fechados e com a atenção firme numa imagem mental ou num fluxo de pensamento, tem-se a convicção de que a máquina está quieta, mas os registros provam que esse não é o caso.

As outras partes do mecanismo são projetadas para oferecer um registro permanente desses sutis movimentos. Presa ao caixilho da lâmina de cristal, há uma estreita haste de apro-

---

* Os três parágrafos que se seguem são uma tradução/corte/colagem do artigo "Involuntary Movements", publicado em abril de 1892 na revista *Popular Science*, de autoria de Joseph Jastrow, professor de psicologia experimental e comparativa da Universidade de Wisconsin. [Esta e as demais notas de rodapé são do autor].
** O triângulo é o único polígono cujos vértices se comunicam entre si.

ximadamente dez polegadas de comprimento, em cuja ponta repousa um cilindro de cortiça verticalmente disposto, dentro do qual há um pequeno tubo de vidro, que encerra, por sua vez, um cilindro menor, de vidro, com a ponta suave e arredondada, semelhante a um lápis. A extremidade do cilindro descansa sobre uma folha de papel esmaltado enegrecido pelo contato com o fogo. Assim, qualquer movimento imposto pela mão à placa de cristal move o cilindro, que arranha a superfície do papel negro, imprimindo de maneira precisa qualquer deslocamento. Como o propósito do artefato é escrever movimentos involuntários, não parece absurdo dar-lhe o nome de *automatógrafo*, e, aos registros que produz, de *automatogramas*.

O processo de obtenção de um automatograma se dá da seguinte maneira: o sujeito deve pôr a mão sobre o automatógrafo, com o braço em posição suficientemente confortável. Então, sua atenção deve voltar-se para os sons, números, cores, letras, objetos, volumes, lugares, aromas etc. que se apresentam. Ele é instruído a pensar o menos possível em sua mão e, ainda assim, fazer um esforço razoável para não movê-la. Para evitar que o sujeito interfira nos resultados, uma cortina é interposta entre ele e o registro, com uma abertura própria para o braço. O operador, do outro lado, mantém o lápis de vidro nas mãos e, quando tudo está preparado, deixa-o escorregar para dentro do tubo e começar a escrever, retirando-o novamente depois de um determinado intervalo de tempo ou quando o registro lhe parece completo.

Biobibliografia

> *Tornei-me escárnio do meu povo,*
> *objeto constante de suas canções.*
> Lamentações 3,14

rosto em romance
deformação. aqui como punho:
compacta violência
de tudo o que é água potável
— sempre-nova geometria de gaiola
torácica.

aqui como oferenda
de plugues e adaptadores
a um canto
apartado & que não encaixam.
aqui como choque
elétrico do sólito.

aqui como golpe
de todos os estados ilíquidos.
aqui como ameaça de chuva
sem vento e sem granizo.
aqui como estampido
quieto de lacunas.

ALMOFARIZ, Almofarîz. Derivase do Arabico *Almihereçum*, ou *Milereçum*, que quer dizer couia, em que se moe ou piza qualquer materia; & almofariz he hum vaso de metal, em que se pizaõ varios ingredientes. *AEreum mortarium*.

Papai vai ao Hades
Édipo na mesa de cirurgia

Não deram ao pai morto
uma navalha para adentrar o mundo subcutâneo.
Levou nada no caixão (como bem alertam os sambistas
e outros bons vivants) e nada pôde fazer
quando lhe disseram que o filho sua cópia igualzinha
agora se dedicava à morioplastia:
pintava nele sorrisos nos álbuns de fotos,
aliança e netos e amigos apertando seus dedos,
e fazia suas mãos darem olá, bem-vindo, até mais,
e tocava seu rosto no espelho,
retocando todas as datilografias
que tinham dado errado.

Agora como arranhar seus vivos
(direito inalienável dos mortos)
de unhas tão bem aparadas?

Mal pôde se defender,
enquanto o filho cortava.

Notícias para Nira
O lado de cá

O tempo aqui anda estranho.
No jornal dizem que os cientistas
brincaram demais com os relógios,
e agora ninguém sabe mais a hora,
a senhora veja, de bater parabéns.

Aqui, a linha da serra dos Órgãos (meus
também) ainda é eletrocardiograma (meu
e do Rio). Fácil ver um coração que bate.
Preguiça danada de escalar.

Ando preferindo o horizonte.
Faço sambas para o tango e tangos para os homens
sadios. Desnecessitam, porque morrem em qualquer
curva do ponteiro, nas mais bestas,
a senhora veja. Sem tempo, nem prestam atenção.

No mais,
o deus da senhora continua traquinas.
Diz "meu deus" a tudo;
clama por si próprio quando não lhe entendem
a galhofa. Às vezes tomamos café juntos.
Anda nuns negócios escusos e parece que sumiu.
                        Dizem que é o Bicho.

Tenho andado esperando, nuvem parada,
sabe como? Crianças apontam,
tentam descobrir se sou carneiro, cachorro,
cabeça de dragão.

Ode à genética
De todas, a deusa mais cruel

Pedicuro de Vargas, cronista bissexto,
suposto filho de Ogum, irmão de Zé Pelintra,
meu avô, da casta das ruas assimétricas,
cujo brasão é desenhado a creiom de cera.
Bigode ralo, terno branco e desgraça pouca,
tudo comido pelas margens;
fora delas, o sapato é macio, a cerveja não tarda
e a Lapa amanhece pelando. Ainda há o escuro,
tráfico de tudo, em que se gasta inteiro o salário:
maçãs, muitas maçãs para a caçula.
A caçula é minha mãe,

eu sou a foto de meu avô materno,
por desconcerto de século,
eu sou a foto de meu avô paterno,

no jornal, figura ilustre de São Pedro da Serra,
conhecedor de inúmeras alquimias,
qual colorir açúcar refinado e dar-lhe nomes
novos, de preços maiores. Meu avô,
inventor de orquídeas e fugas destrambelhadas,
inimigo mortal das instituições de ensino,
dos ônibus que levam crianças, dos arquivos.
Ermitão, filho de paredes artesanais, violonista
frustrado, empresário sem-sucesso

do ramo do escargô. Na fotografia do jornal,
a todo cinza envelhecida, a manchete diz
considerado meio maluco, pioneiro do fim do mundo.

Trote telefônico
Vanitas

Minha tia solteira
num momento qualquer da vida
foi telefonista.

Comprou casa, comprou quintal,
faz compras só pra uma.

Minha tia solteira
não deu ouvidos ao vaivém dos plugues
e suas promessas casamenteiras
(sempre alô, sim, alô, sim, alô,
sim, senhor — isso
nunca).
Hoje fica vermelha
quando põe coisas na tomada.

Hoje quase chora
na presença de aparelhos sem fio
e briga comigo
porque não tenho o nome na lista telefônica.

De vez em quando me liga
e diz que ficou pra titia.

ESTABELECIMENTOS, que estão por terra em consequencia do abandono, por epedemia local. — He de tal sorte doentia, que os naturaes nella passão sempre mal, e os que lá vão, soffrem graves incommodos

Armarinho

Entrava-se
e já se viu:
vai tentar me vender porcaria,
de novo, o seu Rios
(aquela cara de quem vai secar amanhã).
No *Continental*, antigo *Rios e Cia.*,
tem de tudo ou quase; às vezes acaba,
mas sempre tem brinquedo de plástico
para os filhos da gente miúda.
Tanta coisa vagabunda,
que amassa fácil, nesta vida, meu deus,
comprei espelhinho, comprei bússola,
e nenhum dos dois funcionou nunca.

Um dia botou uma enormidade de cartaz:
VENDE-SE AS MENORES ILHAS DO MUNDO
[sic]
porque nesta vida não se pode ter tudo.
E foi secando de vez (a terra há de comer)
enquanto fazia terra com cola e papelão.

Comprei aquela com nome de viúva,
inacabada, alheia, inconquistável.

Casa Estocolmo
Pães, síndromes & biscoitos diversos

Daqui da varanda dá pra ver a Estocolmo
e o emigrante, que bem foi avisado:
os brasileiros são disfarçados
— veja que tanta festa fazem.

Aclimatou fácil. Não morreu de calor,
passou a chamar as pessoas de garoto
todo dia sorrindo levando de leve a vida
e uns trocados no preço do leite, pão, mortadela,
no bolo de Petrópolis, que só tinha ali
supostamente.

No hipermercado da esquina,
lá tem bolo de Petrópolis,
mas não tem o roubo bonito da nossa gente.
E nem foi por isso.
Abandonei o imigrante e não sei o motivo,
e o tempo passou, o de voltar de repente.
Hoje com que cara apareceria?

Hoje não sei se me reconhece na calçada,
se me joga quebranto em sua língua nativa:
onde faz as compras, agora, o garoto?
Ou mal se lembra de mim,
enquanto dou a volta desnecessária

na minha própria rua,
pra que ele não me veja
o logotipo do hipermercado nas sacolas.

Meridiano 43
w/e

Gostamos muito de crises, nós.
Nós quem, cara-pálida (ocidental
after all afinal *we do*). Nós de todos nós.
Vá para o Leste, sangria desatada;
antes o Rio nos espera (longe carnaval)
nos cubos da noite c/ punhais d'inverno.
    — Não posso não devo não posso — repete
    o tísico ao lado salta páginas de Pascal.
Casebre barulho tontura de assoalho.
Desça daí, olhe o planalto. Precário
bisturi esterno chão desenhado a falta.

Aftas a marchar nos olhos do tísico
em breve em breve vou com ele.
(Itinerário: Վանա լիճ e دریاچه ارومیه,
mares nossos, salinidades internas)
A cor e o corte serão elogiados
nas barbearias das fronteiras.
Até Teerã, reúno tosses e digo:
— Carrego na testa uma franja pesada,
que, dia sim/não, ainda cabisbaixa.

Guia turístico

> *this was no island at first,*
> *but a part of the continent*
> São Tomás Moro

Um parque chamado Um parque que vi.
A rua do café em que os poetas ficam
nunca te sabendo menino (ou menina).
Um rapaz magro só te sabiá,
o que é absoluto desinteressante.

A praça Proust, onde fica a lojinha de *souvenirs*:
ruas de nomes certos, cigarros artesanais,
álbuns de fotos bem enquadradas,
com espaço para o seu rosto intruso.

Uma bomboniere onde a infância fica,
mas não sabe dar o troco.
Um manual para se perder direito
ou deitar raízes (aéreas).

Brotam ternuras do chão, muito tímidas.
Turistas fotografam o alumbramento.

Cidade planejada

Certas cidades não têm hora pra acontecer
alguém que liga no meio da noite
e diz a prima vai casar. A prima,
aquela de dentes encavalados,
que não abre a boca nas festas da família.

O noivo tem negócio próprio na rua da Ajuda
(tira fotos 3×4) e é muito de se gostar:
vai casar sem os sorrisos instantâneos,
vai pagar um plano odontológico e ser feliz,
como não, com a graça de deus
e dos que esperam décadas,
por uns dentes já amados.

Arrumado, depois o sorriso vai ter filhos.
E os filhos, dentes tortos,
vão se espalhar pelas ruas,
por todas as ruas, não só a da Ajuda.

Apartamento
Natureza-morta

Ludo-
-casa se desloca em blocos.
Os dados na mesa — herança dos
lados que assumi — dão sempre ímpar.
É assim que se decide o chão.

Sapatos & chinelos nus
fazem os passos de quem os estacou ali
e foi dançar sozinho (o mesmo de sempre:
dois pra lá pelas uvas, pão e café amargo;
dois pra cá pela rotineira qualquer coisa).

O pó acumulado no canto (em afinações
de escombro — *memento homo,
quia pulvis es*) diz que tudo está bem.
Que a ordem é de queda e reentrâncias:
a quarta dimensão é a solidária gravidade.

Só as paredes são felizes,
desmoronadiças, em ânsias de cubismos.
Cada toque em seus interruptores é preparação
para o tombo. Baixo meretrício
violado por dedos de luz última.

E o teto debatendo a retirada possível.

CREANÇAS, verdadeiramente incorrigiveis, inclinadas á preguiça, á immoralidade, com talentos especiaes e não vulgares para a musica, a pintura, o calculo, a esculptura. Estas inclinações tão precoces que parecem prophetisar glorias futuras não são, contudo, estaveis, porque ellas residem em cérebros desequilibrados

Primeira Guerra do Golfo

Fui menino de único medo:
não ter encontrado o trinta e oito
lendário, escondido no quintal.

Foi enterrado com a licença do dono
e um bilhete dizendo *mate em meu nome*,
isentando de possíveis infernos além.

                  Imagine o desastre.

Cavei, arranquei flores, derrubei
o triste limoeiro de mamãe. Achei
buracos. Não tive nunca os dedos
em todos os gatilhos que conheço.

                  Imagine:
nosso assassino ainda pode
ir para o céu.

Segunda Guerra do Golfo

É que
acordo com o golfo concavado nos olhos,
na testa, no ouvido, no estômago, nos pulmões.

Por isso tenho esta cara de derrame.
Por isso, registrem só este pedaço do meu rosto;
todo o resto é traição, maldade,
sorrir ao ler poemas de gente viva,
que ainda grita

um trenzinho que vibra
dentro dos túneis. Quem escavou a lembrança? Quem —
aposto que sorrindo — represou os dias? Quem,
entre os aguaceiros, combustão espontânea.

O gesso

meus ossos não são de vidro ensolarado
como o dia é
também quebrável
(e se estilhaça de través dos pássaros
revoada em trique-traque).

e portanto ninguém me autografou
a falha — sísmica — nos braços.
sou virgem de nomes tatuados
no que logo vai sarar.

Os meninos descalços de 1999

Périplo em dia de Cosme & Damião. A época dava doce.
Fundamos a Mocidade Independente de Inhaúma,
a goles doídos de cachaça e chocolate hidrogenado. E o
                                        [barulho
do berimbau surrupiado do mais-velho tinha coisa de maré
dentro, mas o mar era longe demais para morrer no mar,
como deve ser com os homens. E as navalhas novas
para barba futura e defesa de honra. E nenhum era
                                          [capoeira,
mas a década foi plena em pêndulos. Cada um de nós
teve pés descalços no alto da rede elétrica,
unidos pelos cadarços e arremessados em direção aos fios.
Os bumerangues dos meninos de 1999, no céu de
                                          [Inhaúma,
na poeira ficamos aviadores de gaivotas.

Os pais ralhavam. Nunca entendem
mais um par de sapatos, mais frutas de borracha
na árvore seca do subúrbio.

Era coisa nossa, de maré
ainda no alto.

DIABO vosso mortal inimigo? Que he isto, senaõ a mayor ignorancia, a mayor vileza, a mayor infamia? E podendo Deos deytarvos no inferno, entregandovos aos demonios, a quem servis, tragandovos a terra, a quem amays, & chovendo rayos sobre vos o Ceo, a quem aborreceys

Oração

Olhai por nós, pecadores; estamos cansados.
Canonizai os flanelinhas, os endomingados nos museus,
os cirurgiões oftalmologistas, os estrábicos,
os daltônicos, os heterocrômicos, os cineastas,
os olheiros do futebol, os que espiam as mulheres
em trocadores de lojas de departamento, os que
se deleitam em testemunhar o coito alheio,
os glaucomatosos, os que não choram embaçado, os

[...]

Os que nadam de olhos abertos, os que morrem
de olhos abertos, os que matam de olhos abertos,
os que viram discos voadores e os que viram o diabo,
os que andam em montanhas-russas sem fechar os olhos
                                                          ao medo,
os espiões, os cobiçadores da mulher do próximo
e os esguelhas, os desvendados.
Nós estamos cansados. Aqui tudo se vê,
mas todos dizem meteorologias;
para cima, toda conversa é de elevador.

Balada para Aníbal Barca

> *All the literati keep*
> *An imaginary friend.*
> W. H. Auden

Sursum corda,
já podemos desistir!

Aníbal Barca, tapa-olho, é quem ensina:
esqueceu maquinarias, esperou a rendição
— ora, há regras (de engajamento) neste mundo —
e Roma não caiu.
Antes foi tudo muito sangrento. Cruzamos Alpes
& choveu em Canas. Aí desistimos.
Em 216 esperávamos glórias
bronzeadas de mulheres novas.
Esperávamos muito, sentados no relvado latino.
Também havia vento latino. Ele dizia: Zama, Zama.
Há regras neste mundo, Aníbal Barca, tapa-olho.
Gostávamos dos elefantes. Eram mascotes, quase.
Esperávamos, em 216. O Cristo é quem veio;
já havíamos morrido, naturalmente.

Entra o coro, que somos
Custódio, com o faro das catástrofes,
Onesíforo mártir, piadista de primeira, Matias Deodato,
caipora,
Ambrósio Lopes, Penteu, Leniza, voz perdida, os
                    [Tenenbaums,

Dom Sebastião,
nossos avós, irmãos & tias:

Sursum corda,
já podemos desistir!

Pedra de rio
Amuleto

para Igor Fagundes

É um losango cinza com desejos trígonos.
Em nove mil anos, teria sido um triângulo,
o que é também uma espécie de destino.
Em criança, tirei a pedra da água
e ela ficou como estava
sem a esfregação gloriosa dos tempos.

Matei a pedra, e sequer lhe fiz um altar.
Hoje é peso de papel, às vezes pingente de colar.

Ao que parece, mãe Oxum ficou desgostosa.
Pedi clareiras meridianas, ninguém intercedeu.
Pedi bandolim, rabeca que seja, ninguém.
Pedi.

Precisava me vestir para falar ao povo.
Esta praga mineral me põe a nu.
E não do jeito certo.

Não se apiedou. Sigo pintando fonemas
escrevendo pianos, sinfonias de cinza.
E não do jeito certo.

Um dia me vingo. Atiro esta pedra no mar
para ser peso de mundo lá no fundo.
E todo o resto vai sair voando.

Ciência das religiões

para Eduardo Heringer

Os deuses aéreos foram embora.
Nota-se pelo silêncio das plantas,
agora um tanto mais asmáticas.

Uma heurística do estrago:
deito sementes ao assoalho
a ver se nada.

Poema para a canonização do Pablito

Pablito morreu aos doze aninhos.
Hoje tem rotina igual à minha,
a de talvez pudesse ter sido
engenheiro, especulador, adivinho.

Quero a sorte do Pablito,
quero ser santo também
e saber do que só eles sabem:
por que as mulheres tristes cortam os cabelos,
por que a palavra bocejar traz o bocejo,
por que fazem caixões pequeninos.

Quero a sorte do Pablito,
meu amigo torturador de pequenos bichos
(arames novos e nenhum remorso, ele tinha,
um depois cheio de calmarias).
Pablito só maltratou o tanto que podia
e agora é padroeiro da santa paz de espírito.

Enquanto, no rádio, *everybody dance, do-do-do*
clap your hands, clap
your hands.
Pablito está dançando no céu
com São Longuinho.

São Longuinho, São Longuinho,
há um pecado em algum lugar da casa.
Não sei onde o perdi.

Mural do mundo todo

APARELHO destinado particularmente a experiencias d'optica, satisfaz também á condição de conservar immovel no espaço o ponto radioso que queremos empregar, de maneira que não sómente se conservam espontaneamente á distancia mais propria para excitar uma viva luz, mas além d'isso aproximam-se com velocidades que fazem respectivamente equilibrio ao gasto desegual de cada um d'elles.

Elegia ao Nokia 2280

Make it new
Pound

Sete anos de serventia,
sete de saber a fauna
dos fundos de armário:
roupas velhas de primos,
cartas de namoradinhas,
Nagasáqui toda destruída
e a sua carcaça azul

nem acende mais.
Suas canções irritantezinhas
não ecoam em parte alguma.
Ninguém se lembra do frenesi
que fez nas moças do Méier
a sua carcaça azul

não foi modelo para estátuas.
As fotos dos anúncios se perderam,
no caudaloso rio do jornalismo.
Os homens se deslocam pela terra,
os melhores da sua geração se perderam
nos caminhões da mudança.
E a sua carcaça azul

ainda guarda na memória
os números inúteis,

um vago orgulho familiar,
os nomes e sobrenomes,
o engordurado de tantas digitais

Automatógrafo
Poética

Se minha mão esquerda toca
a minha direita e
se de repente quero
com a mão direita
captar o trabalho que a esquerda realiza
ao tocá-la
esta reflexão do corpo sobre si mesmo sempre aborta
no último momento:

no momento em que sinto
minha mão esquerda com a direita
correspondentemente
paro de tocar minha mão direita com a esquerda.

Um presente

Desfaz a hipermetropia dos seus dentes.
Corrige as ondas longitudinais da língua.
Para a melhor saúde refracional da sua boca
(e de toda a sua família)
— anunciam os anunciantes,
que agora vendem lentes fotográficas sem o corpo da
                                                   [máquina.
O corpo é você.

Basta aproximar muito os lábios, morder
e está posta a máscara de vidro. Faz maravilha:
objetiva a voz, justifica o olho, sussurra manso,
adora Michelangelo, acha as ruas, engole o choro.

Uma graça. E sem data de validade.

E o avançadíssimo mecanismo de encaixe?
De assombrar:
sempre vem na mordedura exata. Como?
Tiraram as medidas da sua boca
enquanto bocejava.

Trailer
Película desgastada, P&B, ranhura em sépia

Rosto do Bandeira íntimo, tossindo em vídeo,
fotografia do selecionado do Bangu FC em 1914,
voz do Donga descalçando uma rua na Gamboa.

> Ele quer a sorte calma dos arquivos,
> a alma encantadora das fitas K7,
> papéis da marca Bath, filmes 16 mm.

Retomada de Paris, desconhecido de automóvel,
acidentes, panes, bebês sorrindo, pés de meninas,
maldades de meninos, maçã, sexo amador, óvnis,
bailes da terceira idade, enterros, concertos, sonetos,
gritos, tiroteios, bombinhas, prefeitos, cão, til, ás,
a, s, b, i, peo3908bsbbvczpw-_psi+sp.cod.lj=&.pdoc
// erro 400 — sintaxe inaceitável.

> Ele quer ter os anos inventariados,
> em saleta aclimatada, por 4 estagiários.
> Ele não quer ter mais a sexta-feira que vem
> e ainda assim ficar quase encarnado.

// erro 413 — solicitação muito extensa.
Terá saúde para ser decepcionado?

2011, nos cinemas,
tonto, no escuro, quase como que desistindo.

Filme de medo

0:09 — externa/noite

um grito em close
que se espalha
levado pela câmera
que se afasta.

0:14 — interna/dia

um velho toma sopa
na confeitaria.

0:29 — externa/dia

um sorver em close
que se espalha
levado pela câmera
que se afasta.

Pós-moderno
Twitter

Há pássaros que cantam *e daí, e daí, e daí* (condensados
num *sons_da_natureza.mp3*, no audiofone).

Vai pela vida fora — paletó de neon —
após anos de pesquisa de método.
Como e por que ter amigos,
influenciar pessoas, ser bem-sucedido,

ignorar os avanços da cosmofísica,
na direção de universos paralelos
— em todos choram matemáticos.
    E daí, e daí, e daí.

Vai ao cinema pela tevê
aprender a fumar, flertar, morrer c/ Garbo.
Os pássaros dizem
    e daí, e daí, e daí. Cita os pássaros;
anda na moda amar a natureza.

Fim de tudo passou rápido e ninguém viu.
Foi o hit da semana, adjetivíssimo.

Interna/dia. Departamento de imigração do estado
de Pasárgada: agentes checam passados.
O poema desleixado (seus terrorismos de terra molhada)

pode ser lido no filme sobre mudanças climáticas
dentro do filme sobre cada fonema de cada palavra de
[cada acadêmico que
cabe
num pequeno gabinetezinho.
Entediantes. Tão clichê falar do tempo que faz
e daí, e daí, e daí.

Teoricamente, é construção em abismo
— instalar antenas em vento de praia.
Mal acabou de pensar num acidente aéreo,

antipodas? Porventura dizem estes alguma cousa que tenha fundamento, ou pòde haver homem de tam pouco juizo, que se lhe meta na cabeça que ha homens, que andem com a cabeça para bayxo, & que todas as cousas, que aqui estão em pè, & direytas, lá estejão penduradas?

Posições desconfortáveis

cotovelo no asfalto em cotovelo cotovela.
a fila espera. estou na fila. espero também.
a fila dá a volta num quarteirão inteiro
que suspeito não ser um quadrado perfeito.
não sei o que espero. não sei se a fila sabe.
espero. não pergunto. seria ridículo, agora,
depois de tantas horas com a mesma cara
bovina. sei fazer cara bovina. muito bem.
trouxe coisas para me ocupar: um jornal;
um lápis para escrever o *Tratado para a
desinvenção da penicilina*, *opus magnum*
romantiquinha; cinco dores (uma moral).
esqueci algumas outras coisas. me ocupo
com as que ficaram longe: o mínimo
necessário (por exemplo) para aterrissar
um aeroplano num rio que parece o mar.

a fila anda. eu ando atrás. não sei do quê.
ouvi dizer que é bom, bonito, barato não sei.
ouvi dizer de esquina, assim, canto de boca,
assim um sussurro que cotovelou o quarteirão
que não é um quadrado perfeito porque aqui
é o Rio de Janeiro. aquele é aquele. olharam
para mim. meu nome deu a volta no cotovelo
dobrei meu rosto. tenho que esperar. espero.

não posso ir, agora, bovinamente, falam de mim:
aquele que nem chegou a amar aquela ali
no espaço daquele dia. o que faz logo aqui.

a fila anda. eu ando atrás. não sei do quê.

Livro de horas
Fólio 22: dia comparativamente bom

Frente: Hoje fui cantora na tevê, movimentei essas massas,
estourei choro nos outros, fui marinheiro de bordel
& velho satisfeito. Soube a Bíblia de cor
e disse: Abre a janela para o oriente.
E disse: Atira.
E atirei.
Seta embrenha, sem norte, faz o calafrio
dos segundos antes da fervura. Ninguém sabe
onde foi parar.

À entrada do ano, as tropas chegaram
e todas as unhas cortadas dos corpos,
sobre a candeia — incenso insuportável:
algo queimado, *algo* eu fiz de errado.

Verso: Si bemol, só que não: massas e correrias,
só que fraturas: a penúria dos puteiros, do escorbuto
& os velhos defeitos. Palavra de salvação:
arrependei-vos, antes que seja tarde
e o planetário se encha de isolamentos.
Perderemos o caminho para a sala dos mapas.

As tropas mataram a coisa. Não,
eu nego, eu nem estava lá. Não,
nem sei que coisa é essa. Não,
não dou para orientes.

Intervalo comercial entre duas comédias

sugiro que por trinta segundos você esteja alegre.
faz calor, mas não importa.
há um idílio, lido lento.
a tevê anda desligada
há muito
você não se importa.
há vinhedos pelo mundo, pelas terras deste mundo
e os povos são todos você.
há o quieto das tréguas
das violências
só as cigarras
cantando porque morrem também.

já azedou
o leite na geladeira?
está devidamente servida
a mulher que gosta de carinhos espontâneos?
estão as nações todas
confortáveis dentro de suas fronteiras?
o que está para acontecer

Esperança
Pós-rock

falhar miseravelmente
em tudo e absoluto
de um dia pro outro.
catástrofe qualquer uma em paga desta
coisa de que o planeta cinza é uma gare desembestada,
como menina que procura noivo e/ou se formar
em museologia.

a estátua em homenagem aos 18 do Forte,
em Copacabana, ri às pamparras
de tanto mexe & vira
desesperado.

Clube de tiro de festim

*para Ismar Tirelli Neto
e Juliana Fausto*

dia da fundação (31):
lavrada a ata de fundação.
decidiu-se o mascote:
uma espécie de homem muito ordinária.

dia 31:
triste descoberta!: o mundo já se circum-navegou.
sugestão: descobrir se a madrugada é tão aberta
para o frio das uvas quanto as 8:07,
dentro das *Éclogas*. e, se sim,
se Marília de Dirceu estava acordada
em tal prepóstera hora.

dia 9:
aprendeu-se como dormir dia 8
para acordar crente no dia 10.

sem data:
ex-conviva tropeçou nas rugas do mapa-múndi
e fugiu para as ilhas,
a despeito de conselhos contrários.

sem data:
desastre!: dinamites encontradas no meio do mato
arrancaram muitos dedos de prosa.

dia 31:
demonstrou-se que o essencial é invisível
só por um atraso de ótica.
três convivas apareceram de óculos escuros.
propôs-se nova combinação de convexo e côncavo.
alguns convivas acusaram: "pornógrafos!".

dia 31:
amanheceram 1082 segundas-feiras
não reclamadas pelos convivas.

dia 31:
encontrou-se uma equação escondida neste verso.
se resolvida, atinge-se o estado de John Keats menino.

dia 31:
às vezes dar frases às coisas é desencantá-las, disse
o conviva Saturnino, que defendeu o direito de dizer que
algo é triste.

dia 31:
falou-se em amar demais as mãos de Caravaggio
e em como isso tudo é importantíssimo.

dia 31:
lanchou-se bolo de cenoura e café de Java
enquanto um conviva desfilava
os horrores da homologia. não foi quarta
de cinzas.

sem data:
tampouco foi quarta de cinzas.

dia 31:
quarta de cinzas. tomou-se água de coco
e desinventou-se a penicilina.
grande algazarra.

sem data:
funeral do conviva Saturnino,
que morreu tísico.

dia 31:
palestra sobre o mistério profundo
do fim da enxaqueca.

dia 31:
ex-conviva fez fortuna
vendendo falanstérios pré-fabricados
para a União Soviética.
inveja geral.

dia 31:
convivas encontraram um limite,
cruzaram-no e ele caiu do bolso.

dia 31:
expedição para encontrar o amor,
isto é, a mazurca do amor,
isto é, a avenida Rio Branco do amor,

isto é, um copo de uísque que é guaraná,
isto é,
isto é.

sem data:
conviva Saturnino se perdeu do cosmo
e fez uma dancinha ridícula.
decididamente, estava mais pálido.
muitos aplausos.

dia 31:
calistenia — propôs-se caolhar Camões.
dessa vez com crueldade.
descobriu-se que não dá certo.

dia 31:
criação de um novo sotaque.
três convivas aderiram.

sem data:
convivas acusaram o fantasma de Saturnino
de comer todos os bolinhos de chuva.
Saturnino negou chorando. choveu.
não, não choveu, não mintamos.

dia 31:
substituiu-se o mascote pelo
Homo ludens ludens.
alguns convivas perderam pelos

(bigodes e suíças).
espécie de homem muito ordinária chorou
(não, não chorou).

dia 31:
pavor generalizado
ainda não se sabe de quê.

sem data:
descobriu-se de que era o pavor.

EPHÉMERO. — Nas noutes do mez de Agosto observão os naturalistas um pequeno insecto, que nasce, se reproduz e morre no espaço d'uma unica noute. A vida d'este insecto, que foi buscada como o typo de tudo quanto é rapido, não passa de quatro a cinco horas; toma a figura d'uma borboleta por volta das seis horas da tarde e morre ás 11 da noute. Antes de tomar a figura de borboleta viveu tres annos como verme.

Terça-feira gorda

Aquela moça obesa na janela
quer que os homens na orla
façam como que vão se atirar
pra nunca mais.
Quer descer correndo escadas,
ofegar um não pelo amor de,
impedir os bêbados da morte certa.
Quer que não saibam nadar
e que pareça coincidência de filme,
amor da vida de repente no último dia do carnaval.
Quer os olhos inchados dos bêbados só pra ela.
E quer lembrar festinhas de colegas
em que só bebia coca-cola e comia hipercalórico,
enquanto o mundo.

E quer rir na cara deles
tanta felicidade até que enfim.
Quer tomar um drinque, sem açúcar, com seus bêbados
e dançar
o que não sabe.
Ela quer que taquem pedras nos semáforos
e congestionem o trânsito de todas as coisas
e que as cinzas de seus cigarros manchem o estofado.
Quer limpar a cozinha de tantos bifes engordurados
para que seus bêbados deitem no chão em paz.

Ela quer deitar com eles, esparramar os peitos sem nenhuma vergonha.
Quer estar empanturrada.

Velha comendo pêssego
Sedestre

Faz espécie. Inaugura o ponto daquela rua
em que esteve a velha comendo pêssego,
às treze horas do dia indeterminado,
momento propício aos monumentos.

Pensa na morte quando das frutas.
As juntas sempre mais duras. Ficar velho
é cimento. Tanto pêssego na vida, que perdeu
o gosto. O gosto esse da tevê, concreto
comercial de margarina.

Rasga a pele procura
o avesso da carne amarela
também endureceu.
Os quilos a mais não vieram
de doces prediletos.

A cara é de rasgar/cimentar/cinzelar
coração, é súbito medo de pombos,
de ficar menos cinza com água de chuva.
Ônibus nenhum para & olha,
estátua de sal desafiando açúcares.

Casa das horas

café pequeno
ferve, esfria, referve

cada um acorda numa hora
(minúsculos aleluias pela solidão)
nesta família requentada
todo
santo
dia

não tem perigo algum acordar
os móveis estão parados no lugar
esperando o espreguiçar de retinas
o descolar de remelas
e os tijolos envolvendo tudo

e os quilos de pó levam tempo pra acabar.

bom-dia, bom-dia, bom-dia, bom-dia, bom-dia, bom-dia,
 [bom-dia
dormimos todos muito bem.
não dá tempo de pôr a mesa. sumiu uma calcinha
o menino quer, a menina diz, xampu acabou
o terno não foi passado

as coisas lá fora vão passando
com sua mecânica particular.

o pai canta a abertura do telejornal matutino
desafinado como o diabo.
tudo engarrafado, tudo difícil, tudo gorado.
não canta mais pelo resto do dia.

cada um toma seu banho
como bem entende.
cada um toma seu ônibus
como bem se lembra.
a mãe almoça sozinha.
o menino almoça sozinho.
o pai almoça sozinho.
a menina não quer engordar.

boa-tarde, boa-tarde, boa-tarde, boa-tarde
como vão as coisas
indo.

no longo vespertino
ninguém toma conta da própria vida.
o menino perde um dente.
a menina perde as esperanças.
a mãe perde o charme que tinha.
o pai é guerreiro, assim se diz
(sou bravo, sou forte, sou filho
da morte);
põe coisas na mesa do jantar

não dá tempo de pôr a mesa
porque a novela das oito
reúne tudo no mesmo
resumo: ou casar, ou trair, ou tomar de assalto
a empresa dos sogros.

vive-se às custas de não parar nunca
                    as dormências
                    as anedotas
                    os problemões
                    as histórias
                    os chavões

o mundo dentro da mecânica do mundo
agora igual.
só no igual se dorme tranquilo.
a menina está apaziguada, não quer mais morrer.
o menino terá coisas moles pra morder.
a mãe não recebe um carinho de marido.
o pai sempre quis ser funcionário público.

boa-noite
hm.

Morte de Geraldo Monte

Sobreveio a tarde e depois a manhã:
a terra está informe e vazia.
Não anunciaram no jornal da cidade que
não morreu novo, o homem que viveu sua vida:
setenta e dois de idade, cinquenta de marcenaria.
Causas naturais demais.

Barriga saliente.
Dois dentes cariados. Míope.
Era tio de alguém. Torcia pelo Fluminense.
Gostava de comer pastel de feira
e andar bêbado no metrô
(algo de estar no buraco no buraco).
Nutria irregular fixação pela figura de Napoleão Bonaparte.

Não foi corsário em Calicute,
não inventou as Mângides, ninfas do canal do Mangue
(não escreveu isto: *cruzas de São Diogo mais Dioniso,
lavem-se as partes e venham ter comigo*),
não foi alcunhado de Mississippi-qualquer-coisa.
Mas o menor inchaço de seus humores
decidiu ascensão e queda de impérios.

É morto Geraldo Monte.
Acabou com o mundo

por ter tudo começado nele,
para ele, o primeiro e o último.

esconde, mas naõ muda, nem desfaz nada do que esconde; antes tudo augmenta mais, e tudo mostra ainda maior, e mais claro do que he. […] tudo o que se esconde, parece--nos admiravel, só porque se esconde; de sorte, que o occultar, he o meio de acreditar as cousas, e de dar-lhes mais valor.

A máquina

> *A Máquina*
> *dorme de touca*
> Manoel de Barros

Diz que comprei tal máquina para falar por mim.
Não sei de fonte primeira, mas no diz que diz que diz que me chegou a informação.

Oferendas para o velho aquático

Um deserto branco, um lamento de sirenas.
Um bombardeio noutro lugar.
Um deus que não é muita coisa.
Uma estátua de praça que se banha
desligada.

Não morrer aos trinta e três.
Um vento na praia do Diabo
que leve as peças do gamão e estrague o rádio.

A política máxima:
pentear cabelos brancos nas ondas.

Uns sulcos na cara,
um passado que ameace enxurrada
que a erosão ameaça.

Uma caravana que só passou naquela música.

O anarquista tranquilo
Adoxografia

> *Vocês são uns carneiros*
> *de lã obediente*
> Drummond

cédula de lindo conviver:
eu nem é bem possível.

os modos estão nos dedos,
miríade de dedos: bons modos
diminutivos.

não causar incômodos.
gaguejar só o necessário.
se possível fazer caridade
ou abrir uma loja de conveniência:

maçãs do rosto para o povo,
um plano odontológico infalível,
subir nas prateleiras de espelhinho
apontado para os outros.

Cigarros Macbeth #2
Amigo das causas impossíveis

para Rafael Albuquerque

R. me lembra uma foto
tirada nunca a contento.
A luz bateu de esguelha,
saímos ambos com cara
de 33 anos depois. Acabou que eu perdi a linha reta —
a rua abriu um cotovelo e não visitamos juntos o bueiro.
Eu, sim, não fui advogado, não casei, e a vida encomprida.
Apresentei-lhe Dioniso, hoje desembargador do Paço,
                    que já planeja meu réquiem.
                    Na foto, R. não vê velório,
                    não gagueja, mas não sorri;
                    quer que eu pare de fumar
tanto, pelo menos. Tem menos rugas, o rosto dele.
O meu pregado de agridoce burocracia, de entortar
de propósito as avenidas. R. soube bem antes que
não tem fim no comprido. Ah, *the long and winding
road*, meu amigo, o que
eu diria, *leads to no door*.

Quiáltera
Cantiga antiga

para C. H.

Amar ia consumindo seu tempo na cidade,
foi o que disse meu amigo.
Faltam-nos coisas para odiar, disse.
Na Lapa: 1064°C & 1,3ZPa,
condições ideais (de temperatura e pressão)
para diamantizar fundos do poço.
Somos nada além de carbono
inflamável.

Questão do mundo, que derrete/solidifica:
coisas para odiar. Para odiar.

Nem falemos dela ainda,
que não tem remedo,
escondida.

M. de quê

ingredientes:
águas, sessenta por cento
mais ou menos.
carnes, sal, melanina.
laço de fita, sapatinho e intrigas.
conservante vontade de dar Manuel Bandeira aos amigos
para que nunca saiam do Rio.
aroma de amaciante de roupas,
álcool, óleo de rícino.
semente de pêssego.
açúcar invertido.

Love them strange

Imigrante, bióloga, trinta e sete,
lê seu futuro na estação Cinelândia:
velha infeliz vestida de hematoma
(de gala) rotundo. Valsa sozinha
para dentro do túnel.

Reencarnação de imperador romano
(22) acha que o país investiu pouco em ferrovias
e mulheres de Lucian Freud vestidas de bailarinas.

Empresário Chiquinho Titanic (hoje na penúria)
pensa em dar golpe de Estado com seu amigo.

Perna sobre perna Cruzada infiel, amante
me visita em sonho e espera, e chora
como quem batiza terra já povoada,
como quem casa na igreja errada.

Menino de bicicleta, catorze,
vê na cara de todos o rosto de todo mundo
tudo é parecido vai se matar quando puder.

Biógrafo de artista mulherengo
fala de seus sete casamentos,
salta o desespero entr'eles.

Vestibulando cede assento no ônibus,
pensa ao povo o que é do povo,
aos assaltantes o que é dos assaltantes,
ao ferro o que é do ferro,
e desaparece lá dentro.

Zagueiro de espera, 3ª divisão,
quer ser pego no antidoping
e poder ficar numa janela
amando as gentes os dias tudo.

DESASTRES congregados por tantos annos de tanto soffrer resignado, se iam despertar certeiros e infalliveis sobre as cabeças dos corcundas. Os corcundas só tinham tido até então um meio de quebrar-lhes as forças ou inutilisa-las; era deixar-lhes o campo livre, que assim essas forças destruir-se-hiam a si mesmas, não achando a que dar combate; porque então estas forças vinham caminhavam guiadas por uma luz, para um fim grande

Canção da calamidade

armava um khmer vermelho para dois
(à luz de velas, decorado, eu e
maria da graça)
foi quando desrepresou.

os olhos da mulher, espaços,
boca três ângulos, cortando:
— tudo vem abaixo.

tudo o quê? tudo nada

na enxurrada longos cavalos
rolam janelas roupas de baixo despidas
de sua maldade rolam meninas rola
descendo a força das águas
rola fundo rola pião rola a fofoqueira do bairro
com seu cachorro
aluvião.

o corpo de maria
lê a bíblia e pede mais quarenta dias.
quer ver na tevê o especialista
dizer que certos orvalhos simplesmente
agora estão irreabilitáveis.

ela quer passear comigo na ilha

— tanta água inspiração —
quer ver onda, comer rosbife,
brincar de argila. ela me pede
e faz assim: ☺. a ilha é bonita.
vamos vamos ver os suicidas.

digo que não. que é desabrigo:
à noite a água preta come o rio,
a av. presidente vargas engole
romancistas e outras amplidões.
meu olho pequeno desvia
de um advogado que passa
(sua gravata já era marrom),
crava no silêncio do vendedor
de guarda-chuvas em catumbi.

um ônibus lotado que se arrasta
assusta maria da graça
na tevê é fácil a piedade
amar as gentes de trás da vidraça.

rola um poeta hidrografando seu dilúvio
rola um carro de som dizendo eu te amo, georgete,
volta pra mim
em curto-circuito

tantas roupas penduradas
nas grades do sambódromo em julho
deslavadas.

mas já já tem desfile de dormências.
em cercanias de paetês / transversal passa o povo.
nossa civilização de avenidas ataráxicas
(tão bem pavimentadas por fenianos, democráticos
e tenentes do diabo).

transversal passo ao povo
a [`] enxurrada não levou meus documentos todos.
ainda posso sorrir; tenho os papéis apropriados.
posso ter susto, soluço, sobretudo ressaca.
atrás de maria da graça
eu vou.

a culpa do governo, a culpa da monção,
a culpa de quem não reeducou as paredes
para o descasque, o ir embora, a demolição.
a culpa dos máscaras, que se divertem às fartas.
atrás de maria da graça
eu vou.

atrás de tudo abaixo
só não vai quem já morreu.
tudo o quê? tudo nada

em tremedeira de terremoto
braços não alcançam despencam
salto-mortal salto carpado triplo.
por quem se dobram os edifícios?

meninos escondidos sob as carteiras,
como ensinam os vídeos educativos.

viena, tóquio, nova déli, paramaribo,
terra atiça, caem pontes e os peitos de maria,
cai a laje, chora o morro, lambe o fogo,
segue o baile.
com quem dançam os edifícios?

bogotá, beirute, islamabad, varsóvia,
as horas passam, diz a tevê, 8 horas de queda,
∞ cair. o que dizem os deuses, e os horóscopos?
casablanca, roma, lima, lisboa, porto novo,
a morte nos veio mostrar o rosto
que é igual a todos os outros.

quito, moscou, minsk, doha, bruxelas, pequim,
somos cisco no olho dela, a morte
nos quer assoprar fora de suas retinas.
ottawa, astana, baku, nassau, bandar seri begawan,
ouagadougou,
break, dance.

maria quer chacoalhar o esqueleto
das ruínas de paris, londres, berlim.
só no estrangeiro é que a gente é feliz.
faz pose passo de dança em xis.

ela diz que fácil mesmo é ser diferente, por
que em toda parte o calamitoso se reconhece:
morto afogado, erro médico, choque elétrico,
cinema fechado, no mundo, é o que mais acontece.
maria ri, maria da graça da sua razão.

a água aqui carrega eurípedes até nossa janela.
ele diz ô meu deus que tragédia
e some para os lados de atenas.
maria ri gostoso, da carne tremer.
tudo vem abaixo. tudo o quê?

venta forte, neva bravo, em honiara,
o povo tenta se defender,
mão nos olhos, pé à frente, bratislava,
sana, dublin, maseru, riga, jacarta:
vulcão com nome bonito deixa os passos congelados.
música típica, noite, luz de sirenes: sete boates.
crianças brincam de estátua,
esconde-esconde,
morto-vivo.

moça-robô prevê o tempo sorrindo.
em budapeste, amsterdã, maputo, trípoli,
pode voltar a chover. chuvisco
de tevê fora do ar, ruído branco.
a história acabou. rebobine:

armava um atentado a bomba para dois
(a luz, presente meu
e de maria da graça),
tudo vem abaixo.
tudo o quê? tudo nada

em cima dos escombros
mulheres feias dizem eu te amo
a qualquer um que passa.

é uma esperança,
ainda que vaga marinha
aí venha, repuxando tudo antes.
depois, sarajevo, buenos aires, belmopan,
tsunâmi.

prédios ainda de pé, em praia, manama, bujumbura,
pescam seus moradores no rio das ruas.
piedosos, atiram os jururus de volta à água,
que escorre,
ndjamena, pyongyang, roseau, seul.

carro com adesivo no para-choque
"100 limites"
se espatifa contra nossa janela.
riad, daca, dacar, cabul.

a água tem cheiro de sangue,
mas é só o ferro dos canos.

já há monges nas montanhas
cantando o funeral dos tijolos:
freetown, belgrado, vitória, nairóbi,
kingstown, damasco, monróvia, lilongue.

aperto de argamassa, por dentro, arritmia.
os monges me olham com cara de filhotes.
o caráter é o destino do homem, dizem, aposto.
bridgetown, bamako, sófia, nicósia, moroni.

ai que estamos todos condenados.

maria da graça acompanha o canto chorado:
georgetown, amã, cairo, hanói, *lá lá lá.*
nada sabe de geografias, anjinho esquivo.
por isso nunca está perdida. tem um vírus;
não dói como nós, em epidemia.
nunca diz que está apodrecida.

tem uma estrelinha no céu, maior a cada dia.
vibra, como é o som no espaço lá de cima.
maria diz não aponte,
que dá verruga nos dedos.

e as baratas
sobreviveram?

santiago, santo domingo, san josé, são tomé, san marino,
                                                              [san
salvador, que é da hagiografia? onde estão os exércitos do
                                                                   [senhor
dos exércitos e suas bombas de efeito moral
quando mais se precisa?

a fome se alastra. invade ruínas, museus, livrarias.
a fome faz sopa das pedras, livros, telas. faz homens crus,
mulheres em preto e branco, bile colorida. faz mal comer
                                                                        [a bíblia;
deus não é comestível.

moça-robô na tevê comeu a cocaína
que guardava com tanto carinho
para as filhas, no caso de ser mesmo
o fim. por isso não temos mais notícias:
ruído branco no vidro e chuvisco.
acabou a história. rebobine:

armava qualquer coisa para dois
quando o mundo veio abaixo.
o mundo o quê? veio abaixo.

maria da graça foi levada pelas águas.
um bloco fez tambor por entre as casas
de concreto. atrás de maria da graça
eu cavo.
eu vou
pela rua da glória depois da chuva, só
a estrelinha no céu me acompanha.
não aponto. ninguém canta

os corpos em rigorosa relatividade
dão lições diaceradas. maria não dói
como nós. o braço que
brado, em silêncio,
como que dá tchau ou precisa
respirar para os antes de outra saudade.
parece que dança estacada ali em xis.

ainda posso sorrir, tenho os documentos.
não há vivalma para conferir.

sorrio, criminosamente

a desolação cheirosa
da qual se envaidece a terra
depois das chuvas.

a estrela no céu cresceu.
já é um segundo sol.
lá vem o sol, maria da graça,
e eu digo: está tudo bem agora.
tudo o quê?

FIM. REBOBINE:

Posfácio

Os excertos, na ordem em que aparecem, são das seguintes obras: *Vocabulario portuguez e latino* (1712), de Raphael Blutteau; *Memorias dos estabelecimentos portuguezes a l'este do Cabo da Boa Esperança* (1835), de Manoel José Gomes Loureiro; *Da Responsabilidade Legal dos Alienados* (1887), Ferreira Jr.; *Escola de penitencia, e flagello de viciosos costumes* (1687), Pe. Antonio das Chagas; *O instituto, jornal scientifico e litterario da Universidade de Coimbra* (1854); *História do futuro* (1718), Pe. Antonio Vieira; *Almanach de lembranças luso-brasileiro para o anno de 1863*, de Alexandre Magno de Castilho, Tenente da Armada, e Antonio Xavier Rodrigues Cordeiro, Bacharel em Direito; *Reflexões sobre a vaidade dos homens; ou discursos moraes sobre os effeitos da Vaidade* (1752), Matias Aires; *A liberdade no Brasil, seu nascimento, vida, morte e sepultura* (1864), de Affonso D'Albuquerque Mello.

O texto do poema "Automatógrafo" foi copiado do livro *O visível e o invisível*, de Merleau-Ponty, em tradução de José Arthur Gianotti e Armando Mora d'Oliveira.

A imagem de "Mural do mundo todo", representação da variedade de Calabi-Yau, foi retirada da internet e sua autoria me é desconhecida.

O próximo poema
Rapsodomancia

trará consigo, numa maleta,
cicatrizes de vários tamanhos
para as vidas dos passantes.
e notícias das velhas verdades,
que mandam saudades.

desvendará mãos e mistérios,
confessará que está triste também.
votará pelos telégrafos,
para que reinem, agora
enfim.

virá num dia de sol aberto
para ensinar aos homens
todos os códigos de luz.

terá setenta e um botões
no fraque de ficção científica.
nenhum deles ameaçará os planetas.

PENSAR QUE TUDO EVOLUI PARA
A ESGARÇADA SOLIDÃO CÓSMICA

mantrinha da existência

o homem ou é sim
ou não é não

promessa

amanhã que vem tatuo o peito
e fecho o corpo,
batuco não mais o *bebop*,
não mais o *tango para um*,
não mais o *samba-naufrágio-em-terra*.
amanhã que vem é a luz que pesca
mariposas, pôr do sol e coisas outras.

mil perdões

mil perdões pelo escuro despejado.
mil perdões pela fenda,
pelo grito,
por respirar ardido vermelho de repente
aqui.
mil perdões por ter nascido.
mil perdões pelos caminhões d'infância
que acidentarei nos seus ouvidos
quando você vier.
mil perdões por minha mãe desinchando as noites
e perdendo.
mil pelas vacinas contra,
pela cabeça contra,
desde pequenino.
mil por ter sido,
mil por fazer.

Me baixaram uma sentença:
Agora és homem e homorrerás.
Agora o rosto de Marilyn parece: emergência.
Escrever o livro da chuva: emergência.

No deque da praia, a giz[*]

$0\,1\,9\,8\,7\,6\,5\,4\,3\,2\,1\,0\ \cap$

---

[*] Transcrição de um desenho de criança encontrado no deque da praia do Flamengo no dia 26 de maio de 2013. Madeira e giz branco. Sumiu no dia seguinte: "019876543210 ∩".

saudades do biobío*

o biobío é um rio
que de tão grande faz horizonte

o biobío não me pasmou ali de pertinho
porque me avisaram antes
el biobío es un río
el más ancho del país

o biobío na grécia não seria um rio
seria este poema

aqui no brasil também tem rio
mas nenhum me viu menino
como eu vejo hoje o biobío

não lavei o rosto no biobío
depois de andar de bicicleta
porque me parecia impossível
não cair lá dentro e virar eco, que é
como eu vejo hoje o biobío

* Publicado originalmente no terceiro número da revista *Modo de Usar & Co.*

oração a santo antão, padre do deserto

santo antão, santo antão,
me leva pro deserto.
lá é meu lugar.

faz pra mim uma casinha
de areia e vento
sem demônios a voar.

faz pra mim um muro em volta
pra que deus nem ninguém
venha me incomodar.

faz pra mim o teu fogo;
quero ver como é que é
ter medo de encostar

em mim mesmo
pelos séculos dos séculos
amém.

Nariz de Anna Akhmátova*

Sou apaixonado pelo nariz de Akhmátova —
todos sabem como é:
dos que não cabem nas novelas.
Aresta e ofensa frívola —
dessas que nunca se esquece.

Na amante viva, procuro o nariz de Anna.
            (Ou em Akhmátova achei o concreto
                        [perfeito
            de um nariz que amei no tempo de
                        [Platão.)
Faço dela a primeira pedra
nas fileiras de um litoral em ressaca.
Ela me ouve rugir à noite
enquanto mudo de posição na cama
tecido contra tecido.
Tenho ouvido de doente —
qualquer coisinha me ensurdece.

Se tenho saudades?
Da época que sabia onde ficava a vida

---

* Publicado originalmente no quinto número da revista *Lado*7 (7Letras, 2013).

(ali, entre um e outro)?
Não.

Manifesto 8∞

ANTIANTIANTIANTIANTIANTIANTIANTIANTIANTIANTIAN
TIANTIANTIANTIANTIANTIANTIANTIANTIANTIANTIANTIAN
TIANTIANTIANTIANTIANTIANTIANTIANTIANTIANTIANTIAN
TIANTIANTIANTIANTIANTIANTIANTIANTIANTIANTIANTIAN
TIANTIANTIANTIANTIANTIANTIANTIANTIANTIANTIANTIAN
TIANTIANTIANTIANTIANTIANTIANTIANTIANTIANTIANTIAN
TIANTIANTIANTIANTIANTIANTIANTIANTIANTIANTIANTIAN
TIANTIANTIANTIANTIANTIANTIANTIANTIANTIANTIANTIAN
TIANTIANTIANTIANTIANTIANTIANTIANTIANTIANTIANTIAN
TIANTIANTIANTIANTIANTIANTIANTIANTIANTIANTIANTIAN
TIANTIANTIANTIANTIANTIANTIANTIANTIANTIANTIANTIAN
TIANTIANTIANTIANTIANTIANTIANTIANTIANTIANTIANTIAN
TIANTIANTIANTIANTIANTIANTIANTIANTIANTIANTIANTIAN
TIANTIANTIANTIANTIANTIANTIANTIANTIANTIANTIANTIAN
TIANTIANTIANTIANTIANTIANTIANTIANTIANTIANTIANTIAN
TIANTIANTIANTIANTIANTIANTIANTIANTIANTIANTIANTIAN
TIANTIANTIANTIANTIANTIANTIANTIANTIANTIANTIANTIAN
TIANTIANTIANTIANTIANTIANTIANTIANTIANTIANTIANTIAN
TIANTIANTIANTIANTIANTIANTIANTIANTIANTIANTIANTIAN
TIANTIANTIANTIANTIANTIANTIANTIANTIANTIANTIANTIAN
TIANTIANTIANTIANTIANTIANTIANTIANTIANTIANTIANTIAN
TIANTIANTIANTIANTIANTIANTIANTIANTIANTIANTIANTIAN
TIANTIANTIANTIANTIANTIANTIANTIANTIANTIANTIANTIAN

TIANTIANTIANTIANTIANTIANTIANTIANTIANTIANTIAN
TIANTIANTIANTIANTIANTIANTIANTIANTIANTIANTIAN
TIANTIANTIANTIANTIANTIANTIANTIANTIANTIANTIAN
TIANTIANTIANTIANTIANTIANTIANTIANTIANTIANTIAN
TIANTIANTIANTIANTIANTIANTIANTIANTIANTIANTIAN
TIANTIANTIANTIANTIANTIANTIANTIANTIANTIANTIAN
TIANTIANTIANTIANTIANTIANTIANTIANTIANTIANTIAN
TIANTIANTIANTIANTIANTIANTIANTIANTIANTIANTIAN
TIANTIANTIANTIANTIANTIANTIANTIANTIANTIANTIAN
TIANTIANTIANTIANTIANTIANTIANTIANTIANTIANTIAN
TIANTIANTIANTIANTIANTIANTIANTIANTIANTIANTIAN
TIANTIANTIANTIANTIANTIANTIANTIANTIANTIANTIAN
TIANTIANTIANTIANTIANTIANTIANTIANTIANTIANTIAN
TIANTIANTIANTIANTIANTIANTIANTIANTIANTIANTIAN
TIANTIANTIANTIANTIANTIANTIANTIANTIANTIANTIAN
TIANTIANTIANTIANTIANTIANTIANTIANTIANTIANTIAN
TIANTIANTIANTIANTIANTIANTIANTIANTIANTIANTIAN
TIANTIANTIANTIANTIANTIANTIANTIANTIANTIANTIAN
TIANTIANTIANTIANTIANTIANTIANTIANTIANTIANTIAN
TIANTIANTIANTIANTIANTIANTIANTIANTIANTIANTIAN
TIANTIANTIANTIANTIANTIANTIANTIANTIANTIANTIAN
TIANTIANTIANTIANTIANTIANTIANTIANTIANTIANTIAN
TIANTIANTIANTIANTIANTIANTIANTIANTIANTIANTIAN
TIANTIANTIANTIANTIANTIANTIANTIANTIANTIANTIAN
TIANTIANTIANTIANTIANTIANTIANTIANTIANTIANTIAN
TIANTIANTIANTIANTIANTIANTIANTIANTIANTIANTIAN
TIANTIANTIANTIANTIANTIANTIANTIANTIANTIANTIAN
TIANTIANTIANTIANTIANTIANTIANTIANTIANTIANTIAN
TIANTIANTIANTIANTIANTIANTIANTIANTIANTIARTE

sou um homem dias contados: bandeira te acalma
não dão notícias de copacabana: bandeira acalanta
bebo muito: manu, manuca!
estou sozinho em casa
sozinho entre estátuas
manhã, 4:44, agosto
hasteio bandeira branca: bandeira

o amor veio mas veio armado, vinicius
a vida foi mas foi impura, roberto
sou mais triste que os farmacêuticos, murilo

se eu não quisesse fora de hora
seria advogado, contador, comentarista do possível
mas sou antílope
é isto que sou, m'nu, antes de tudo
antílope

noturno do flamengo[*]

toda noite eu me deito no lado errado da cama.
o lado de m., que quase nunca vem.
o lado por força e peso agora é meu.
são também dessas as diminutas opressões da minha rua.

nunca bombardearam a minha rua.
para lá da minha rua, fica a baía
(as plataformas da petrobras acesas).
mais para lá, niterói. mais: o resto do planeta. mais:
o início da minha rua novamente
(& os acidentes de entremeio).
são também dessas as diminutas sensaídas da minha rua.

pelos gritos, entendo os moradores da minha rua:
torcem pelo fluminense,
nem tanto pelo brasil,
nem um pouco pelo flamengo.
xingam-se em dia de jogo.
são também dessas as diminutas batalhas da minha rua.

colam-se poucos cartazes na minha rua.
são dessas as promessas da minha rua:

---

[*] Poema desentranhado de "Exílio", de Ferreira Gullar. Escrito a pedido de Ramon Mello para o Portal Literal, na ocasião do aniversário de Gullar.

uma espécie nova de mariposa,
um manual para ler as mãos das moças,
um esporte mais legal que o futebol
ou a revolução.

mil perdões

mil perdões por ter votado nos comunistas,
mil perdões por ter tudo passado tão mal,
mil pelos bilhões de chineses,
que me ensinaram a embriaguez e os pássaros.
e mil perdões pelos pássaros,
e pelos belos poemas que inspiraram,
os malditos.
mil perdões pela cachaça,
pelo fingimento de febre que causa,
pela vontade do sal que vem
de água
por dentro.

mil perdões pelos intestinos sentimentos,
mil perdões por rodar sem querer o mundo.

Noturno abrupto

Te imagino velha
num pátio de escola deserto
sem netos, sem ser convidada.
Tenho o direito de dizer teu rosto
emagrecido. Que entristece.
                    Os ossos da maçã.

Não consigo me imaginar velho.
Fui feito para o fim dos meteoritos.

Você velha quer me dizer
que isto é suficiente, que a vida
que a cerveja barata, que a vida
que vai que vem, que a vida
é esta e basta.

Que o nosso país esteve sempre em ruínas
ou nunca esteve.

NUNCA

NÃO É

SOBRE O

AMOR

mil perdões

mil perdões por ter pedido a deus a menina loira,
mil pela reza que pedia um beijo, só;
não precisa de nudez.
mil perdões por barganhar espasmos
cosmológicos
com o senhor dos exércitos.
mil perdões pela década dos banheiros,
pelas coxas roubadas das calças jeans,
pelas danças rituais que ensaiei no espelho.
mil perdões pelos adolescentes todos
e pelos morangos azedos que me fiz morder
(que saudades que tenho).
mil perdões pela epiderme
e pelo cilício do gozo a seco.

quase barcarola*

meu amor, estou cansado
e litorâneo.
quase como nosso país.

não somos ilhas, meu amor
ou terra-a-terra
quase como o que não dá pé.

olha os barcos, meu amor, ancorados
em solavanco.
quase que não vêm nem vão.

meu amor, nossa areia está em toda parte.

* Publicado originalmente no primeiro número da revista *Lado7* (7Letras, 2011).

mas mil perdões, é o que eu peço

mil perdões por falar multiplicado,
mil por todas essas vozes,
mil perdões pela desordem do quarto,
mil perdões por repetir drummond,
mil perdões por rimar nasais,
mil pelo oráculo de delfos,
mil por desfazer casais
até pouco felizes.
mil perdões pelo pós-moderno,
pré-, anti-, semi-, pelo deus que inventei
e agora destrói as cidades de vocês.

mil perdões pelo estrogonofe de frango que não deu certo,
mil perdões pela mulher que deixou de agradar,
pela chuva de ontem, pelos suores noturnos,
pela demolição de uma casa com memória,
pelo ruído que ela faz à hora da sesta.
mil perdões pelos ditadores do século vinte,
mil pelos do próximo.
mil perdões pelas senhoras que carregam seus cães
em carrinhos de bebê.
mil perdões por ter pisado no seu pé.
mil perdões por *o mundo é um moinho*
e os desesperados que atirou das varandas.
mil perdões pelas varandas, a propósito,

e pelos propósitos.
mil perdões pelos mil perdões,
mil por não ser um curto-circuito o tempo todo,
e por sê-lo, no mais do tempo,
+ 000.

gosto

de grama recém-cortada,
não pelo perfume que fica,
não pela folhagem que fica.

Entre o maiúsculo e o minúsculo

Ricardo Domeneck

1. TODO COMEÇO É DIFÍCIL

Antes de se tornar *O escritor Victor Heringer* — como ele diria com sutil ironia no título de um livro quase sem textos aqui incluído — e antes de alardear o abandono da escrita de versos, o escritor Victor Heringer havia sido *o poeta* Victor Heringer. Foi nessa condição que o conheci numa esquina da rua Machado de Assis no Rio de Janeiro. Era dezembro de 2011. Ele já havia lançado seu primeiro livro pela editora 7Letras, a coletânea *Automatógrafo*. Naquela tarde, passada também ao lado de Ismar Tirelli Neto, Dimitri Rebello e Marília Garcia, eu gravaria um vídeo no qual Heringer lê alguns dos seus poemas de estreia. Ele ainda está lá, no presente do indicativo das gravações, com sua camisa rosa de mangas longas, bonito e forte como um touro, uma espécie abrasileirada de touro branco para algum Minos. Talvez eu visse nele parte do futuro, como ele, mais jovem e mais sábio, via o futuro em seu avô morto.

Algumas semanas mais tarde, no dia 1º de janeiro de 2012, nesta mesma cozinha de Bebedouro onde agora eu tento compor este posfácio, eu escreveria um texto crítico sobre sua poesia para a finada revista *Modo de Usar & Co*. Era simbólico escrever aquele texto sobre um jovem poeta e seu primeiro livro no primeiro dia de um ano novo. Uma confiança nos novos, fossem poetas do Rio de Janeiro ou janeiros de um novo ano, numa década que acabava de começar. É estranho, confesso, estar nesta cozinha dez anos mais tarde — e não quaisquer dez anos — e buscar na memória o que eu imaginava como futuro naquele 1º de janeiro de 2012. Também o que imagino como futuro agora, neste outubro de 2022. Naquele dia, eu escrevia com a verve de então sobre o primeiro livro de um jovem poeta que parecia ter uma vida inteira pela frente, uma obra toda pela frente. Hoje escrevo sobre a obra encerrada, os poemas reunidos de um homem mais jovem e que, no entanto, já está agora entre os ancestrais. E aquela verve já não tenho há tempos. Com a idade, atingimos as maravilhosas conquistas da incerteza e da desilusão.

Se me permito este tom pessoal no início de um texto que se quer crítico, é por transparência e por respeito a Victor Heringer. Porque tudo isso se cruza hoje na releitura dos poemas, assim como na descoberta do que é agora seu espólio, as últimas dádivas de um homem que viveu e escreveu, eu diria, sob o signo da generosidade. Eu gostaria aqui de evitar palavras grandiosas. Elas têm sido usadas demais. E há na poesia de Victor Heringer uma atenção para o pequeno e para o corriqueiro que as deixaria fora de lugar. Não se trata apenas da atenção ao cotidiano que é tão frequente em alguns dos nossos poetas. Mas este é o desafio, buscar nas próximas páginas um primeiro pequeno mapa dessa poesia. Procuro seguir os conselhos do próprio Heringer:

depois das rusgas depois da morte de ariano suassuna

respeita o defunto
não chama o morto de chato e burro
não vaia o político no caixão do morto
não taca teoria no caixão do morto
que o caixão é onde cabem todas as teorias
o caixão engole tudo
o caixão não é armorial nem boia no mangue
o caixão é maior que platão
é por isso que as pessoas ficam quietas
diante de caixões
as pessoas espertas

o caixão não concorda com ninguém

2. GENEALOGIAS, MAS NÃO COMO AS DA BÍBLIA

Victor Heringer nasceu no Rio de Janeiro em 1988, no período da chamada Transição Democrática. É também o ano da promulgação da Constituição da República Federativa do Brasil, a atual, aquela com a qual assinamos nosso contrato uns com os outros, um trato de respeito, um acordo de não aniquilação — que é o objetivo final desses textos, ao mesmo tempo ponte e muralha de papel. Heringer morreu na mesma cidade em 2018. Ou seja: nasceu, cresceu, educou-se e produziu seu trabalho no que se convencionou chamar de Nova República. Poderíamos dizer que se trata de uma das primeiras obras literárias a atingir sua completude neste período histórico.

O que viria a ser sua geração ainda não foi definido de forma crítica. Seus companheiros estão em pleno processo de escrita. Se os ingleses têm seus elisabetanos e vitorianos, nós brasileiros não temos nem *andradanos* nem *petranos* — se escolhêssemos nomear assim os autores dos períodos da Regência ou do Segundo Reinado. Tampouco parecemos ter chegado a um acordo quanto a outras nomenclaturas claramente definidas de maneira histórico-política. Para o Brasil dos períodos da Colônia e do Império, tivemos as escolas literárias como marcos. A história da escrita do último século, a partir da consagração do modernismo de 1922, envolveu uma verdadeira confusão entre as noções de *grupo* e *geração* da qual parecemos ainda não ter saído. Para poetas e ficcionistas mais recentes, tende-se a dividir a história por décadas, mas mesmo esse trabalho parece ter sido abandonado, ou ao menos não ter atingido estado canônico.

Apesar de tentativas de definição do que teria sido a Geração 60 ou a poesia das décadas seguintes, a própria década em que Heringer nasceu é um campo crítico ainda completamente por definir. Alguns dos poetas estreados naqueles anos, entre os governos de João Figueiredo e José Sarney, só alcançaram maior consagração crítica nos últimos anos, como nos casos de Edimilson de Almeida Pereira ou Lu Menezes. Outros, como Paulo Colina, ainda aguardam verdadeira atenção para suas obras. E as escolas literárias, que definiram no passado as periodizações, já não podem cumprir essa função.

Conforme avançamos no tempo, sabemos que as décadas tendem a cair como períodos estáveis para tais agrupamentos. Tudo na história é instável, ainda que nos iludamos com sua permanência. Isso não deixa de ser um dos próprios temas de Victor Heringer. A palavra "história" é bastante recorrente nos seus textos, como narrativas divergentes entre o lero-lero e a inscrição na pedra. Referências ao "fim da história" comparecem tanto em tom de melancolia como de chacota. Heringer sabia das incertezas. Nascemos sob o seu signo. Em outro poema da série *paulistanas*, ele escreve:

> *teve aquele conselho do camus pro gerardo mello mourão*
> *os escritores devem sofrer a história*
> *não tentar fazê-la*
> *sei não sei não*

Já em *Sebastianópolis* (*Abandonada*), ele diria: "Vamos fechar a conta, vamos/ encerrar a história". Eu teria gostado de conversar com Heringer sobre este ano de 2022, seu redemoinho simbólico com o diabo no meio da rua, o Bicentenário da Independência, o Centenário da Semana de Arte Moderna, estas eleições nas quais sentimos estar em jogo a própria vigência da Constituição que nasceu com ele.

Eu me sinto instado a tais meditações pela própria

poesia de Heringer, seu pensamento poético-figurativo no qual um acontecimento histórico parece prefigurar outros. O maior no menor e vice-versa. Mais uma vez sinto um alerta, e devo evitar o grandiloquente nos termos do português Fernando Assis Pacheco: "Peçam grandiloquência a outros/ Acho-a pulha no estado actual da economia". Já Heringer, em "O meu avô é o futuro", me lembra:

> *No fim das contas tudo*
> *o que inventamos maiusculamente:*
> *tudo se minusculizou.*
> *A única virtude que nos resta*
> *é a elegância.*

A eloquência da elegância — que é simples em Heringer. Não a loquacidade do grande, mas da dos fragmentos pequenos que o formam.

3. UM BUMERANGUE ENTRE O MICRO E O MACRO

O pequeno que vive no grande, o grande que existe no pequeno. Talvez meu maior desafio neste texto seja arriscar a discussão dessa relação micro-macro que sinto com tanta força no trabalho poético do amigo carioca. Como parece estrutural para seu pensamento eminentemente poético, mesmo em sua prosa.

Para os que conviveram com ele, isso se tornava patente em qualquer conversa, que podia ir de uma anedota sobre Getúlio Vargas no Palácio do Catete à descrição da história de alguma daquelas pequenas ruas do mesmo bairro, como se fosse uma miniatura da Colônia, do Império e da República. Isso sempre foi uma das coisas que mais me animavam em qualquer conversa com Victor. E mesmo seus leitores de prosa poderão ter sentido isso naquele primeiro capítulo tão bonito do seu romance *O amor dos homens avulsos*:

> No começo, nosso planeta era quente, amarelento e tinha cheiro de cerveja podre. O chão era sujo de uma lama fervente e pegajosa.
>
> Os subúrbios do Rio de Janeiro foram a primeira coisa a aparecer no mundo, antes mesmo dos vulcões e dos cachalotes, antes de Portugal invadir, antes de o Getúlio Vargas mandar construir casas populares. O bairro do Queím, onde nasci e cresci, é um deles. Aconchegado entre o Engenho Novo e Andaraí, foi feito daquela argila primordial, que se aglutinou em diversos formatos: cães soltos, moscas e morros, uma estação de trem, amendoeiras e barracos e sobrados, botecos e arsenais de guerra, armarinhos e bancas de jogo do bicho e um terreno enorme reservado para o cemitério. Mas tudo ainda estava vazio: faltava gente.
>
> Não demorou. As ruas juntaram tanta poeira que o homem não teve escolha a não ser passar a existir, para varrê-las. À tardinha, sentar na varanda das casas e reclamar da pobreza, falar mal dos outros e olhar para as calçadas encardidas de sol, os ônibus da volta do trabalho sujando tudo de novo.[*]

---

[*] Victor Heringer, *O amor dos homens avulsos*. São Paulo: Companhia das Letras, 2016, pp. 11-2.

Aqui, não só a criação do mundo é rebaixada a um acontecimento pouco apetitoso como, logo em seguida, na velocidade da luz, a vida se forma pela primeira vez nos subúrbios do Rio de Janeiro, lugares que raramente têm primazia na imaginação glamourosa do Brasil. Essa verve de Victor Heringer, ele tomou de duas de suas paixões na escrita destas plagas: Machado de Assis e Manuel Bandeira. Isso não é uma tentativa de equiparação. Chegamos a um mundo pronto, a um país com sua bagagem de horrores e delícias, e nos voltamos a algumas mulheres e homens do passado por afinidades que vão além de estilos, mas em nome de uma quadratura de mundo, na expressão do poeta André Capilé. Machado de Assis sabia que o homem do Rio de Janeiro do seu tempo era estopim suficiente para explosões de luz sobre a espécie. Manuel Bandeira sabia que bastava olhar qualquer beco da cidade para encontrar seu próximo — que era bicho e homem. O próprio Heringer descreveria assim a influência dos dois sobre ele:

> Machado de Assis e Manuel Bandeira são meus dois pais. As obras me influenciam como autor, mas sobretudo ajudaram a forjar minha identidade, que aos poucos (esta é a esperança do ficcionista) vai se diluindo nos meus próprios livros, até que eu possa ser ninguém em paz. Machado me deu os olhos, Bandeira me deu o coração.[*]

Essas são algumas das lições das quais Victor Heringer

---

[*] Id., "Sobre escrever, segundo métodos diversos". *Caderno 4: Modos de escrever*, Lisboa: Enfermaria 6, nov. 2017.

bebeu. E com elas fez o que pôde, e isso é tudo o que se pode esperar de um cidadão que escreve.

Este volume abre com um poema ao avô do autor, intitulado "O meu avô é o futuro". É nesse poema que Heringer escreve os versos citados anteriormente, dos quais gosto tanto: "o que inventamos maiusculamente:/ tudo se minusculizou", no poema em que também diz: "O meu avô viu o homem pisar na Lua/ e não deve ter achado nada de mais". Heringer parece constantemente se espantar, na verdade, que as pessoas se espantem com as coisas erradas. As, digamos, grandiloquentes.

Jamais conversei com ele sobre Manoel de Barros e não encontro referência alguma ao poeta cuiabano — talvez a maior voz nacional vinda do Centro-Oeste — entre seus textos reunidos em *Vida desinteressante: Fragmentos de memórias: crônicas da revista* Pessoa *(2014-2017)*, publicado em 2021. Heringer era um autor citadino, interessado na história das ruas como seu conterrâneo João do Rio, e não quero aqui tecer ligações forçadas. Mesmo seu apreço pelo menor parecia se centrar nas cidades, sobretudo as pequenas como Nova Friburgo e seu distrito de São Pedro da Serra, o de seu avô. Mas vejo Manoel de Barros e Victor Heringer como homens de certa loquacidade similar: que não pareciam compreender por que as pessoas davam importância às coisas a que davam tamanha importância.

O menor, o cotidiano, o corriqueiro foram preocupações, se assim se pode dizer, de muitos poetas brasileiros, cada qual à sua maneira. Manoel de Barros está entre eles; como em suas poéticas particulares podemos ver isso de Manuel Bandeira a Adélia Prado, do Carlos Drummond de

Andrade de *Boitempo*, por exemplo, à Maria Lúcia Alvim de *Batendo pasto*. Há sim também grandes diferenças. Em "Os deslimites da palavra", Manoel de Barros escreve: "Eu sei das iluminações do ovo./ Não tremulam por mim os estandartes./ Não organizo rutilâncias/ Nem venho de nobremente". Gosto de fantasiar uma conversa entre os dois.

Não há em Victor Heringer uma negação da noção de nobreza, há apenas seu apontamento de que a buscamos nos lugares errados. Ele sabia-se de uma linhagem, como todos somos de uma linhagem de sobreviventes de catástrofes maiores ou menores, mesmo que de gente meio doida, pequena, sem grandes consequências em âmbito nacional. É nisso, creio, que ele vê a elegância de seus avós, figuras centrais na sua poética. Percebo que o primeiro texto de Heringer que apresentei na revista *Modo de Usar & Co.*, há uma década — um dos poemas de seu livro de estreia que mais me chamaram a atenção —, era justamente sobre o avô materno, sua "Ode à genética", que cito na íntegra:

Ode à genética
De todas, a deusa mais cruel

Pedicuro de Vargas, cronista bissexto,
suposto filho de Ogum, irmão de Zé Pelintra,
meu avô, da casta das ruas assimétricas,
cujo brasão é desenhado a creiom de cera.
Bigode ralo, terno branco e desgraça pouca,
tudo comido pelas margens;
fora delas, o sapato é macio, a cerveja não tarda
e a Lapa amanhece pelando. Ainda há o escuro,

tráfico de tudo, em que se gasta inteiro o salário:
maçãs, muitas maçãs para a caçula.
A caçula é minha mãe,

eu sou a foto de meu avô materno,
por desconcerto de século,
eu sou a foto de meu avô paterno,

no jornal, figura ilustre de São Pedro da Serra,
conhecedor de inúmeras alquimias,
qual colorir açúcar refinado e dar-lhe nomes
novos, de preços maiores. Meu avô,
inventor de orquídeas e fugas destrambelhadas,
inimigo mortal das instituições de ensino,
dos ônibus que levam crianças, dos arquivos.
Ermitão, filho de paredes artesanais, violonista
frustrado, empresário sem-sucesso
do ramo do escargô. Na fotografia do jornal,
a todo cinza envelhecida, a manchete diz
considerado meio maluco, *pioneiro do fim do mundo.*

Mesmo que desenhados a creiom de cera, temos nossos brasões. Esse avô materno se torna figura ancestral do próprio leitor e de todo homem cordial deste país, é passado e futuro na terra onde as coisas não mudam muito. Heringer já nos alertava para os perigos da nossa história ao chamar o outro avô, no poema mais antigo, de "pioneiro do fim do mundo". Seus avós são seus antepassados e figuras de um Brasil pós-colonial, imigrante, fazedor de bicos, inventor de métodos para a sobrevivência.

No poema mais recente, ele escreve: "Que bom que os antepassados pegaram aquele navio/ que se chamava Argus./ Vieram parar aqui neste fim de mundo". Argus é uma referência a Jasão e os Argonautas, um dos mais famosos navios mitológicos, local ambulante de aventuras, transporte do engano e catástrofe para Medeia e sua família. Mas é difícil ler o nome desse navio e não pensar também no cachorro de Ulisses. Victor Heringer intuía que Ítaca era só outro fim de mundo. Toda Ítaca é um fim de mundo, seja Bebedouro ou São Pedro da Serra, seja o Kentucky ou Kamtchatka. E talvez todo escritor queira apenas poder argumentar que seu fim de mundo também é um lugar digno de volta.

4. PENSEM NOS CACHORROS

Se eu fosse convidado a desenhar um brasão para Heringer, eu incluiria nele dois cachorros de rua. Magros, mas espertíssimos. Essa relação para o autor entre o pequeno e o grande, o micro e o macro, o suburbano e o cósmico talvez esteja delineada de forma mais pungente no seu longo poema *Noturno para Astronautas*. Aqui, isso chega a seu ponto culminante... e abissal, para mantermos a coerência. Uma das passagens mais belas do texto é sua atenção às cachorras enviadas ao espaço. Tudo o que venho tentando dizer sobre a poética de Heringer talvez esteja destilado aqui:

Lembre-se dos cães
que foram para o espaço: Laika, Belka, Strelka
Pchyolka, Mushka, Chernushka

Veterok, Ugolyok
Zyvozdochka

Esqueça Apolo
lembre-se dos cães.

O cão, triunfo de Darwin,
busca, como eu, um amigo
na cadeia alimentar.

Alguém miúdo
que só chegue às estrelas num golpe banal
cama elástica no lugar errado
foguete tomado por engano
no terminal rodoviário.

Esqueça Gagarin
lembre-se dos cães.

E não me parece acidental que, após esse apelo em tom menor, em versos daquela simplicidade exigida a poetas que vieram depois de Mário de Andrade e Oswald de Andrade, Heringer, mui *bandeiramente*, faça o mesmo em tom maior logo a seguir, na "Invocação das Laicas", da qual cito um trecho:

Ó Laicas, ninfas dos piches siderais
filhas de Urânia celestial e da Guerra Fria
olhai por nós, gente minúscula
           vira-latas suborbitais.

*Nós também vivíamos soltos nas ruas de Moscou.
Também viemos a este cosmódromo sem querer.*
                    Ouvi nosso ganido

*nossos batimentos cardíacos
não são transmitidos a ninguém.
Nenhum som se propaga no vazio.*
                    Ouvi nosso ganido!

Impossível aqui não ouvir um eco da "Canção das duas Índias", de Manuel Bandeira. Eis o começo:

*Entre estas Índias de leste
E as Índias ocidentais
Meu Deus que distância enorme
Quantos Oceanos Pacíficos
Quantos bancos de corais
Quantas frias latitudes!*

O poema de Heringer não deixa de ser um poema de amor, na identificação total do sujeito lírico com essas cachorras abandonadas no espaço, como estamos nós abandonados. A sabedoria de Heringer foi, e creio terem vindo daí também sua gentileza e sua generosidade, ver em nós todos uns cachorros abandonados nas ruas que giram velozmente na noite do Espaço Sideral.

5. UMA PEQUENA NOTA SOBRE POEMAS LONGOS E LONGUINHOS

O *Noturno para Astronautas* de Victor Heringer entra agora para o rol dos poemas longos da literatura brasileira. Esse impulso épico está em nossa poesia desde sua incoação colonial, da *Prosopopeia* (1601), de Bento Teixeira, à *Descrição da ilha de Itaparica* (1769), de Manuel de Santa Maria; da *Marília de Dirceu* (1791), de Tomás Antônio Gonzaga, ao *Guesa* (1884), de Sousândrade. Na poesia modernista, tal impulso épico teria muitas faces, como a descrição do fenômeno criador do mundo e da poesia em *Invenção de Orfeu* (1952), de Jorge de Lima, ou, em clave negativa, na "Máquina do mundo" de Carlos Drummond de Andrade, publicada no ano anterior em *Claro enigma* (1951). Houve a *celebração* histórica, mitificada e típica do épico, em *Romanceiro da Inconfidência* (1953), de Cecília Meireles, e no *Romanceiro de Dona Beja* (1979), de Maria Lúcia Alvim, assim como a *lamentação* histórica em "Janela do caos" (1947), de Murilo Mendes. Outros são mais difíceis de definir, como o *Lavra lavra* (1962), de Mário Chamie, ou *A vida em comum* (1969), de Leonardo Fróes.

E, em vários textos de períodos distintos, há uma mescla entre o coletivo e o pessoal na qual a história do poeta se torna indissociável da história do país e do mundo, como no *Cântico dos cânticos para flauta e violão* (1942), de Oswald de Andrade, ou em *A meditação sobre o Tietê* (1945), de Mário de Andrade; em *O país dos Mourões* (1963), de Gerardo Mello Mourão, no *Poema sujo* (1976), de Ferreira Gullar, ou nas *Galáxias* (1984), de Haroldo de Campos. Nessa lista há várias estratégias poéticas para o largo e o médio fôlegos de escrita, dos textos divididos em cantos aos simplesmente seriados em seções e numerados, nos quais cada parte pode também funcionar independentemente do todo. Creio que seja aqui que o *Noturno para Astronautas* de Heringer melhor se encaixe, e caberá a críticos mais capacitados sua análise, assim como a discussão crítica de como esse impulso épico tem se manifestado na poesia do século XXI, em Heringer e outros, como o Guilherme Gontijo Flores de *Tróiades* (2015) ou o André Capilé de *Muimbu* (2019) e *Azagaia* (2021).

Arrisco-me a uma pequena observação. O épico está ligado ao fôlego cosmogônico, seja na *criação do mundo* ou na *fundação da tribo*. Vale lembrar que por muito tempo essa criação do todo (o mundo) e essa fundação da parte (a tribo) eram inseparáveis. Mas, em *Noturno para Astronautas*, Victor Heringer parece menos atento para o fundar do que para o findar e fundir das coisas. Em seu poema, o cosmos já foi criado e o astronauta busca seu começo, mas também seu fim. Há um cansaço e um abandono da Criação em seu poema que são figurados de forma comovente naqueles cães de rua e naqueles homens ao léu. Há a consciência de quem chegou, talvez, tarde demais ao mundo. A inocência perdida. O plano B. Não, o plano X.

No começo
a Terra tinha o formato de um elefante doente.

No começo
a Terra tinha forma de boi nadando na lava.

A luz arrebentou o pântano.
E o pântano se multiplicou.
A vida veio do ranço.

The secrets of evolution
are death and time.

Veio o homem
e ergueu torres de ferro
para comemorar sua geometria

Penso sobre o poema de Heringer e a noção de cosmogonia. É cosmogônico o *Noturno para Astronautas*, no qual o cosmos é paisagem e personagem, ou é sua antítese? O poema funda ou finda o mundo? Qual é o antônimo de cosmogônico? O cosmotélico? Isso implica fim como na revelação apocalíptica ou uma busca pela sua função, seu sentido? As velhas questões.

6. ISTO NÃO É UMA HAGIOGRAFIA

A história da poesia brasileira é uma narração povoada, de um lado, de moças e moços mortos, e do outro, de sobreviventes. Esta é, afinal, a história de qualquer corpo poético, o de qualquer território que se queira nação e colete seus poetas. Por que coletamos e colecionamos nossos poetas? Há quem ainda se pergunte e exija nossa contribuição para o Produto Interno Bruto da nação. Os poetas seguem aí, vivendo e morrendo. Morria-se tão fácil antes do advento dos antibióticos.

Uma sábia professora de língua portuguesa certa vez disse em sala de aula, quando demos risada daquilo que nos parecia o exagero dos nossos Românticos: "Não caçoem dos antigos, suas vidas eram muito curtas, eles estavam sempre a uma pequena infecção de distância da morte". É de se entender que tenham sido um pouco mais espalhafatosos em seus amores e desamores.

Dos nossos concidadãos ternos aos coléricos nas antologias poéticas escolares, é uma sabatina triste de datas de nascimento e morte tão próximas umas das outras. Álvares de Azevedo morreu aos meros vinte anos de idade. Castro Alves, com 24. Já dentro do século xx, Pedro Kilkerry mal teve tempo de fixar seu nome em nossas memórias, morto aos 32 anos. Houve as perdas acidentais, como a de Mário Faustino, espatifado com um avião nos Andes. A autodestruição lenta de Paulo Leminski.

E houve então os jovens que, no último ato de seus próprios direitos, escolheram partir, encerrar, dar ponto-final à narrativa de suas vidas. Nós os lamentamos de uma forma especial, talvez porque nos perguntemos o que poderíamos ter feito para convencê-los a ficar. Mais um pouco, mais um pouco. Torquato Neto, em 1972. Guilherme Mandaro, em 1979. Ana Cristina Cesar, em 1983. E, susto dos sustos, o meu pessoal e o de tantos amigos, Victor Heringer, em 2018. Tem lugar num posfácio à sua poesia reunida tal discussão? É que a morte empoeira uns, dá pátina a outros. Mas essa conversa é para seus familiares e seus amigos. À República Federativa do Brasil importa, deveria importar a obra de Victor Heringer, como ainda encontramos aprendizado no trabalho de Torquato Neto, Guilherme Mandaro e Ana Cristina Cesar, aqueles jovens eternos.

Em seu importante ensaio "Hagiografias", Flora Süssekind descreve o processo canonizador que se confunde com o luto por jovens criadores, nas artes plásticas (Jorge Guinle Filho, Márcia X, Leonilson), no cinema (Glauber Rocha, Leon Hirszman, Joaquim Pedro de Andrade) ou no teatro (Isabel Ribeiro, Márcio Vianna e Luís Antônio Martinez Corrêa), e escreve:

> Privilegiei de propósito exemplos de vida breve, mortes prematuras, por vezes trágicas, pois este costuma ser fator preponderante nesses processos de canonização. O que se torna particularmente evidente quando se observa a fortuna crítica de escritores como Mário Faustino, Torquato Neto, Ana Cristina Cesar, Antônio Carlos de Brito (Cacaso), Paulo Leminski ou Caio Fernando Abreu. Não é perceptível somente uma dominância biográfica na bibliografia referente a esses autores. Há a construção frequente (mesmo quando se produzem hagiografias malditas) de algo próximo às histórias de santos quando se toma qualquer um deles como objeto de estudo. São vidas impregnadas, a posteriori, de intencionalidade, são destinos nos quais se enxerga, nos mínimos detalhes, a marca da excepcionalidade (lembre-se a ligação telefônica errada, sempre citada, na qual uma vidente teria previsto a morte de Faustino). Eleitos cujas obras são vistas como de eleitos também. Nesse sentido a perspectiva crítica parece se deixar contaminar quase sempre por esse dado hagiolátrico inicial.[*]

---

[*] Flora Süssekind, "Hagiografias", *Coros, contrários, massa*. Recife: Cepe, 2022.

A cautela em relação a essa tentação hagiográfica me guiou durante a escrita deste posfácio. Porque a poesia de Heringer tentará agora sua grande viagem. Para seus contemporâneos e para os que ainda estão por nascer, seu trabalho vai adquirir os significados que o poeta deu e os que escolhemos ver porque deles precisamos. Neste início de década em que temos questionado tantos símbolos com os quais crescemos: o lugar da Casa-Grande e da Senzala em nossa sociedade; se queremos mesmo ser a Roma Tropical de Darcy Ribeiro; o que é verdadeiramente o "Brasil brasileiro" de Ary Barroso — alguns têm renovado seus laços com tais valores, buscado ver neles maior complexidade, apagar as simplificações que nos levaram a erros hediondos. Outros têm pedido cuidado, a cautela dos gatos escaldados pelas certezas do passado, pelas certezas do presente.

Não sei onde se encaixam, nessa discussão, obras recentes que considero importantes para esta conversa. Penso num artista consagrado como Caetano Veloso e seu mais recente disco, *Meu coco*. Penso em artistas mais jovens, como André Capilé e seu *Azagaia* e Rodrigo Lobo Damasceno e seu *Casa do Norte*. Onde se encaixará a contribuição de Victor Heringer, nos livros já conhecidos ou nos novos, apresentados aqui pela primeira vez, como este bonito *Noturno para Astronautas*? Temo que meu amigo se encolheria de rejeição à minha proposta de sequer o cogitar nesse contexto. Mas nos últimos tempos tenho pensado num poema dele, um dos que mais aprecio, no qual há também um jogo entre grandes e pequenos.

Refiro-me a "Balada para Aníbal Barca", dedicado ao general cartaginês e sua histórica transposição dos Alpes para atacar Roma durante a Segunda Guerra Púnica. Heringer inicia seu poema com um *"Sursum corda"*, que significa algo como "corações ao alto", convite a regozijar-nos, locução proferida pelo sacerdote no prefácio da missa, conclamando os fiéis a prepararem suas almas. O poeta então nos diz: "Já podemos desistir!". É um início bastante heringeriano. Ele então nos dá o velho material para épicos, a história de Aníbal, sua coragem, os famosos elefantes, sua vontade, sua força de vontade. A poética de Heringer logo entra em ação ao nos levar para os pequenos coitados daquele grande feito, trazendo para a história outros grandes nomes de coitados, de d. Sebastião e nossos avós, irmãos e tias. E encerra outra vez com o regozijo de quem pode enfim abandonar as falcatruas dos épicos:

Sursum corda,
já podemos desistir!

Alguns verão nisso talvez algum derrotismo? É possível. Mas não os mais espertos. Os que ficam quietos diante de caixões.

Bebedouro, outubro de 2022

Índice de títulos e primeiros versos

I. O garoto na cidade, 145
II. O amor dos homens avulsos, 150
III. Assim virá o ruído, 164
IV. O amigo dos canibais sente frio, 170
V. O quizila no banquete, 183
VI. Pipas na noite, 187

A máquina, 302
Adeus, Sebastianópolis, 152
Alguém diz que subiu a Pedra da Gávea, 171
Amuleto contra desilusão, 212
Amuleto para viagens, 216
ao fauno de Brecheret no parque Trianon, 118
Apartamento, 257
Armarinho, 251
As virtudes da imobilidade, 35
Automatógrafo, 275

autorretrato c/ gratidão, 114
Avisos, 143

balada da abstinência, 115
Balada para Aníbal Barca, 265
Beberagem nº 1, 213
Bem-me-quer nº 1, 211
Bem-me-quer nº 2, 214
Biobibliografia, 242

Canção da calamidade, 311
Canto de atração, 215
Carta para Violeta, 43
Casa das horas, 296
Casa Estocolmo, 252
Casal Arthur Monroe Tode (1894-1966), 188
Céu de Porto Alegre, 91
Cidade planejada, 256
Ciência das religiões, 268
Cigarros Macbeth #2, 305
Clube de tiro de festim, 287

depois das rusgas depois da morte de ariano suassuna, 122
Designação formal, 197
Designação provisória, 191

é verdade, 116
Ele diz a cidade do Rio de Janeiro é fanha, 173
Elegia ao Nokia 2280, 273
Entrego meus papéis, 163
Esperança, 286
Externa, dia abrasalento, 147

Externa, dia, 156
Externa, hora do almoço. Na Pauliceia, 166

Filme de medo, 278

gosto, 346
Guia turístico, 255

Índice das fotos, 106
Intervalo comercial entre duas comédias, 285

Jogo da neblina, 217
Juan Gelman não morreu de vergonha, 113

ledá-dorada: os poetas riem diferente?, 112
Livro de horas, 284
Love them strange, 308

M. de quê, 307
Manifesto 8∞, 334
mantrinha da existência, 325
mas mil perdões, é o que eu peço, 344
Me baixaram uma sentença, 328
Meridiano 43, 254
Meus irmãos, 160
mil perdões [*pelo escuro despejado...*], 327
mil perdões [*por ter pedido a deus a menina loira...*], 342
mil perdões [*por ter votado nos comunistas...*], 339
Morte de Geraldo Monte, 299
Mulher fumando sobre fundo lilás, 111
Mural do mundo todo, 271

Na falta de compreensão universal, 72
Não sou poeta, 134

Nariz de Anna Akhmátova, 332
No deque da praia, a giz, 329
Notícias para Nira, 245
Noturno abrupto, 340
noturno do flamengo, 337
nunca não é sobre o amor, 341

O AMIGO DOS CANIBAIS SENTE FRIO, 175
O anarquista tranquilo, 304
O automatógrafo, 240
o escritor victor heringer não se decide, 108
o escritor vuitton heringuer, 107
O gesso, 261
O inferno político desenhado aos miúdos, 125
O meu avô é o futuro, 25
O poema anterior, 239
O próximo poema, 322
Ode à genética, 247
Oferenda para fazer durar o amor perdidamente começado, 2
Oferendas para o velho aquático, 303
ogede, 117
Ontem algo enorme caiu em Júpiter, 51
oração a santo antão, padre do deserto, 331
Oração, 264
Os meninos descalços de 1999, 262

Papai vai ao Hades, 244
Pedra de rio, 267
Poema para a canonização do Pablito, 269
Poema reduzido: 7 dias, 129
Posições desconfortáveis, 282
Pós-moderno, 279

Primeira Guerra do Golfo, 259
Prolegômenos, 209
promessa, 326

Quando vi pela primeira vez o casal Kahop, 154
quase barcarola, 343
Que eu seja vozerio, 168
que horas são, mi coração, 121
Quem eu procuro batizou os ventos, 82
Quero virar um bonde de borco!, 158
Quiáltera, 306

saudades do biobío, 330
Segunda Guerra do Golfo, 260
Só o monstro é original na morte, 40
sou um homem dias contados: bandeira te acalma, 336

Terça-feira gorda, 293
Todas as putas da zona portuária debandaram, 161
Trailer, 277
Troia, 123
Trote telefônico, 249

um massacre em Paris, 229
Um presente, 276

variações sobre nova friburgo depois do estrago, 223
Velha comendo pêssego, 295
Vendedor de vassouras, ambulante, 181
VIT\VICTOR DOUGLAS\DOBRAS\DOBLAS..., 186
vivendo entre os civílcolas, 119
você sabia, 120

ESTA OBRA FOI COMPOSTA POR ACOMTE EM
MERIDIEN E IMPRESSA EM OFSETE PELA LIS GRÁFICA
SOBRE PAPEL PÓLEN NATURAL DA SUZANO S.A.
PARA A EDITORA SCHWARCZ EM JUNHO DE 2024

A marca FSC® é a garantia de que a madeira utilizada na fabricação do papel deste livro provém de florestas que foram gerenciadas de maneira ambientalmente correta, socialmente justa e economicamente viável, além de outras fontes de origem controlada.